아이의 뇌는
부모의 태도를
기억한다

아이의 뇌에 상처 입히는 부모들

KODOMO NO NO O KIZUTSUKERU OYATACHI
© 2017 Tomoda Akemi
All rights reserved.
Original Japanese edition published by NHK Publishing, Inc.

This Korean edition is published by arrangement with NHK Publishing, Inc., Tokyo
in care of Tuttle-Mori Agency, Inc., Tokyo through BC Agency, Korea.

이 책의 한국어 판 저작권은 BC에이전시를 통해
저작권자와 독점계약을 맺은 퍼스트페이지에 있습니다. 저작권법에 의해
한국 내에서 보호를 받는 저작물이므로 무단전재와 복제를 금합니다.

아이의 뇌는 부모의 태도를 기억한다
아이의 뇌에 상처 입히는 부모들

초판 1쇄 발행 2025년 11월 10일
초판 2쇄 발행 2025년 12월 15일
저자 도모다 아케미
역자 이은미
출판사 퍼스트페이지
디자인편집 박정호
교정·교열 김선도
전자우편 boyeb@naver.com

ISBN 979-11-993400-2-2 (03590)

* 책값은 뒤표지에 적혀 있습니다.
* 본서의 내용을 무단 복제하는 것은 저작권법에 의해 금지되어 있습니다.

아이의 뇌에
상처 입히는
부모들

아이의 뇌는
부모의 태도를
기억한다

도모다 아케미 지음
이은미 옮김

퍼스트페이지

일러두기

* 인체 용어는 우리말 용어로 표기하되 이해를 돕기 위해 해당 용어가 처음 언급될 때 이전 용어를 병기하고, 이후에는 우리말 용어로 통일하였습니다.
* 연령은 만 나이로 통일하여 표기하였습니다.
* 본문의 주석은 모두 옮긴이 주로 해당 주제에 대한 우리나라의 현황에 대해 첨언했습니다. 세부 내용은 각 장 뒤에 수록되어 있습니다.

들어가며
상처 받고 있었던 우리 아이들의 뇌

뇌와 마음의 밀접한 관계 . 13

아이들의 뇌가 손상되고 있다 . 14

부모의 잘못된 태도로 상처 입는 아이의 뇌 . 16

아이의 마음 발달, 부모만으로 해결할 수 없다 . 19

이 책을 통해 꼭 하고 싶은 이야기 . 20

PART 1
무언가 잘못하고 있다는 걸
미처 알지 못했던 부모들
: 일상 속에 숨어 있던 부적절한 양육

마음 발달 장애란 . 29

마음 발달에 지장을 주는 부적절한 태도 . 31

부적절한 양육, 멀트리트먼트 . 33

나도 모르게 멀트리트먼트를 하고 있었다 . 35

체벌은 훈육이 될 수 없다 . 38
몸과 마음 둘 다 상처를 주는 체벌 . 42
알아차리기 쉽지 않은 폭력 . 43
성적 멀트리트먼트를 판단할 때 유의해야 할 점 . 46
부모는 아이를 보호할 의무가 있다 . 47
건강한 뇌 발달을 돕는 스킨십 . 49
방임으로 인한 애착 장애를 예방하려면 . 51
스마트폰보다 스킨십을 한 번 더 . 53
간과하기 쉬운 심리적 멀트리트먼트 . 54
가시가 돋친 말투가 아니어도 훈육할 수 있다 . 56
작은 인정과 칭찬이 아이 잠재력을 쑥쑥 키운다 . 58
부부싸움은 아이가 없는 곳에서 하라 . 59
뇌에 더 심각한 손상을 주는 언어폭력 . 63
겉으로는 멀쩡해도 이미 손상된 뇌 . 64
관심받기 위해 자신의 아이를 해치는 사람들 . 65

PART 2

어긋난 양육으로 상처를 받고 있는 아이들

: 멀트리트먼트가 아이 뇌에 주는 영향

아이의 발달을 믹는 트라우마 . 73
체벌을 받은 아이 뇌에서 일어나는 일들 . 74

성적 멀트리트먼트가 야기하는 뇌의 손상 . 80

손상되기 쉬운 뇌의 민감기 . 85

정서 불안이나 관계의 어려움을 야기하는 폭언 . 87

IQ와 기억력에 영향을 주는 부모의 다툼 . 92

애착 장애로 둔감해져버린 뇌 . 95

어쩌면 더 많은 상처가 있을지도 모른다 . 100

상처를 가진 채 성장하는 아이들 . 101

PART 3

외상 후 성장과 아이의 회복 탄력성
: 상처 받은 아이 뇌의 치유와 회복을 위한 방법

상처를 입은 뇌는 돌이킬 수 없을까 . 111

약물 치료와 심리 치료 . 114

아이의 마음을 지탱해주는 지지적 정신 치료 . 117

기억에 새 의미를 부여하는 노출 치료 . 120

트라우마를 극복하는 놀이 치료 . 123

트라우마 해결을 위한 새로운 치료법 . 127

아이의 회복력을 키워주기 위해 . 131

상처를 극복하고 성장하는 아이들 . 134

케이스스터디 ① 가정폭력 목격으로 인한 심리적 멀트리트먼트 . 136

케이스스터디 ② 엄마의 육아 방임과 심리적 멀트리트먼트 . 140

케이스스터디 ③ 아빠의 체벌로 인한 멀트리트먼트 . 144

케이스스터디 ④ 가정폭력 목격과 성적 멀트리트먼트 . 148

PART 4 ─────────────────────────

자존감이 높은 아이로 키우는 양육법
: 아이의 자존감을 높여주고 뇌 발달을 도울 애착 형성

───────────────────────────────

부모와 아이의 강한 유대감, 애착 . 157

애착 유형의 종류 . 161

애착의 형성 과정 . 164

마음의 병이 될 수 있는 애착 장애 . 166

두 가지 모습의 애착 장애 . 168

애착 장애와 발달 장애의 차이 . 170

오래 걸리고 힘들겠지만 분명히 회복될 아이들 . 173

아이 마음 보듬어줄 대화의 기술 . 176

케이스스터디 ① 엄마의 죽음과 아빠의 무관심에서 비롯된 애착 장애 . 181

케이스스터디 ② 양육의 어려움에서 오는 애착 장애 . 184

케이스스터디 ③ 아빠의 과도한 훈육으로 인한 애착 장애 . 188

PART 5

상처 입은 치유자가 되어야 할 부모
: 아이 마음을 보듬는 좋은 부모가 되기 위한 지혜

악순환의 고리를 끊기 위해서는 . 195

부모가 먼저 행복을 누릴 수 있다면 . 197

엄마랑 아빠도 부모 역할은 처음이라서 . 198

화내기 전에 조금만 참고 지켜봐준다면 . 201

한 아이를 키우려면 온 마을이 필요하다 . 204

모든 아이가 마음 다치지 않고 성장하기 위해 . 206

마치며

서툴렀을뿐, 아이를 사랑하지 않는 부모는 없다 . 210

용어 설명 . 213

참고 문헌 . 218

들어가며

상처 받고 있었던 우리 아이들의 뇌

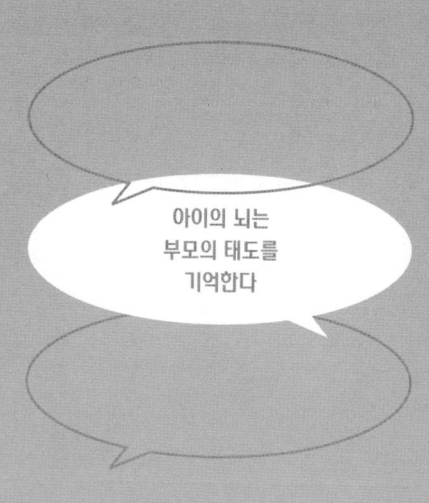

아이의 뇌는
부모의 태도를
기억한다

뇌와 마음의 밀접한 관계

마음이 어디에 있느냐고 묻는다면 여러분은 뭐라고 대답할 것인가? 일본에서는 마음을 다쳤을 때 가슴이 아프다고 하거나 마음이 어떤 상태인지 알아볼 때 "가슴에 손을 얹고 생각해보라"라는 표현을 쓴다. 영어 'heart'도 '마음' '심장'으로 번역되는 것을 보면, 국적을 불문하고 많은 사람이 마음은 가슴 속에 있다고 생각하는 것 같다. 실제로 불안이나 공포를 느끼면 심장이 세차게 뛰고, 극도로 긴장하거나 심한 스트레스를 받으면 누가 심장을 꽉 움켜쥐는 느낌이 든다.

그러나 과학자들은 "마음은 뇌에 있다"라고 이야기한다. 심장이 두근거리고 위가 아픈 이유는 뇌가 호르몬을 분비하도록 명령해서 심장이나 위 같은 장기에 영향을 주기 때문이다. 희로애락의 감정은 물론이고 사물을 바라보는 시각이나 사고방식, 주변 사람이나 사회와의 관계 형성, 예상치 못한 사고나 곤란한 상황에 놓였을 때의 대처 방법 등, 우리가 지금 이 순간 살아 숨 쉬는 것부터 매일 하는 생각이나 행동에 이르는 모든 것을 지배하는 사령탑은 바로 머릿속에 있는 장기, '뇌'다.

아이들의 뇌가 손상되고 있다

이렇게 중요한 뇌가 과도한 스트레스를 받으면 물리적으로 손상된다는 사실을 알고 있는가?

나는 30년 가까이 소아 정신의학과 의사로서 아동 발달에 관한 임상 연구를 계속해왔다. 그 과정에서 어른의 부적절한 양육 때문에 아이의 뇌가 변형된다는 사실을 장기간의 조사 끝에 밝혀냈다.

갓 태어났을 때 겨우 300그램에 불과한 인간의 뇌는 성장하면서 서서히 생존 요령을 습득해간다. 발달 과정을 살펴보면 뇌가 외부의 영향에 특히 민감해지는 매우 중요한 시기가 있는데, 바로 태아기, 영유아기, 사춘기다. 즉, 뇌의 건전한 발달에는 인생의 초기 단계에 부모나 양육자에게 받는 적절한 보살핌과 애정이 꼭 필요하다.

그러나 이 시기에 극도로 스트레스를 받으면 아이의 섬세한 뇌는 고통에 적응하기 위해 스스로 변형해버린다. 살아남기 위한 일종의 방어기제인 셈이다. 슬프고도 놀라운 사실이다. 그 결과는 뇌의 기능에도 영향을 끼쳐 아이의 정상적인 발달을 해치고, 전 생애에 걸쳐 후유증을 남긴다. 충동성이 강해지고, 걸핏하면 화를 내거나 주변 사람들에게 난폭한 행동을 하고, 비행으로 치닫는다. 기쁨이나 만족을 느끼는 기능이 저하된 탓에 한층 자극이 강한 쾌락을 찾거나 알코올이나 약물에 의존하기도 한다. 어린 시절에 사랑과 칭찬을 제대로 받지 못하고 자란 사람들은 자기 긍정감이 낮아지고 자율신경계의 기능이 떨어져 우울감에 빠지거나 자해를 반복하기도 한다.

이러한 증상은 어린 시절부터 간헐적으로 나타나는 경우도 있지만, 끔찍한 경험을 하고 오랜 시간이 흐른 후 어느 날 갑자기 나타나는 경우도 적지 않다. 어른이 되어 일을 시작했을 때, 혹은 가정을 이루었을 때 증상이 나타나면 자신뿐 아니라 주위 사람들에게까지 피해를 주게 된다. 안심할 수 있고 안전이 보장된 환경에서 어린 시절을 보낸 사람은 절대 알 리 없는 고통이다.

부모의 잘못된 태도로 상처 입는 아이의 뇌

2016년 일본 후생노동성이 발표한 복지 행정 보고사례에 따르면 전국 아동상담소에서 이루어지는 아동학대 상담 건수는 최근 10여 년간 계속 증가해왔다. 아동학대 방지법 시행 전인 1999년(1만 1631건)에 비해 약 10.5배, 전년도 대비 18.7퍼센트인 12만 2578건(전년도 대비 1만 9292건 증가)까지 늘어 사상 최다를 기록했다(그림 0-1).[1]

그림 0-1
아동상담소에 접수된 아동학대 상담 건수와 그 추이

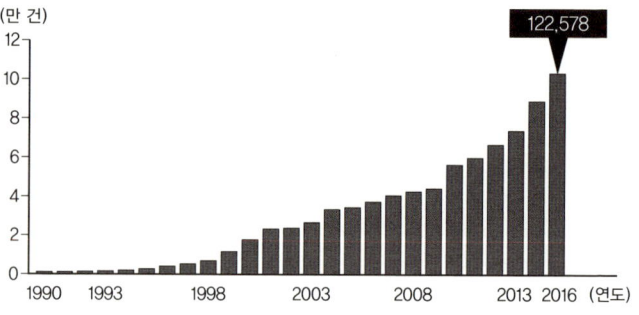

참고: 일본 후생노동성 홈페이지

학대 건수가 증가한 이유로는 아동상담소 전화번호가 널리 알려지기 시작하고, 매스컴에서 아동학대 사건을 보도하면서 사람들의 관심이 높아진 점을 들 수 있다. 피해 아동의 연령을

그림 0-2
아동상담소에 접수된 학대 유형

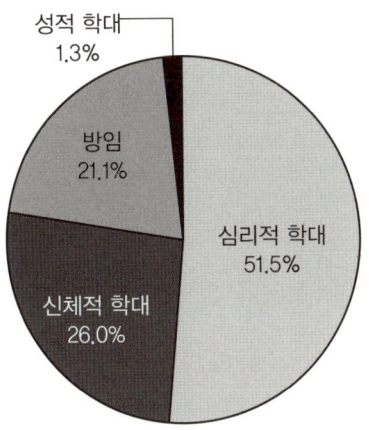

참고: 일본 후생노동성 홈페이지
2016년도 기준(속보치)

살펴보면 초등학생이 34퍼센트로 가장 많고, 만 3세부터 미취학 아동이 25.6퍼센트, 0세에서 만 3세 미만의 영유아가 19.5퍼센트의 비율을 차지했다. 상담 내용으로는 심리적 학대가 가장 많고 신체적 학대가 그 뒤를 잇는 것으로 나타났다(그림 0-2).[2]

'학대'라고 하면 미디어에서 다루는 사건만을 떠올리며 자신과는 전혀 관련이 없는 이야기라고 생각하는 사람이 많을지도 모르겠다. 그러나 앞에서 이야기했듯, 일상 속에 숨어 있는 '부적절한 태도'도 아이의 뇌에 영향을 끼칠 수 있다.

학대라는 단어가 지닌 이미지는 강렬해서 때로는 그 본질이 흐려질 우려가 있으므로, 나는 강자인 어른이 약자인 아이에게 취하는 부적절한 태도를 '학대'라고 하는 대신 '멀트리트먼트maltreatment'라고 부른다. 말로 하는 협박, 위협, 욕설, 무시하거나 방치하는 행위 외에도 아이 앞에서 반복적으로 일어나는 격렬한 부부싸움도 멀트리트먼트로 간주한다. 이에 대해서는 앞으로 하나씩 이야기해나갈 것이다.

이러한 멀트리트먼트를 아이를 돌보면서 한 번도 해본 적이 없다고 당당하게 말할 수 있는 부모는 아마 없을 것이다. 그러나 멀트리트먼트의 횟수가 늘어나거나 정도가 심해지면 아이의 여린 마음이 돌이킬 수 없는 상처를 입는 것은 물론, 한창 성장 중인 뇌가 변형될 가능성도 있다는 사실을 간과해서는 안 된다.

지금까지 학습 의욕 저하와 각종 비행, 우울증과 섭식 장애, 조울증과 같은 정신질환은 주로 선천적인 요인으로 발병한다고 생각되었다. 그러나 어린 시절에 받은 멀트리트먼트가 뇌에 악영향을 끼침으로써 이러한 증상이 나타나거나 악화한다는 사실이 뇌과학 연구의 발달로 잇따라 밝혀지고 있다. 사회에 잘 적응하지 못하는 청소년과 성인이 나타나는 배경에는 그들이 어린 시절에 경험한 멀트리트먼트가 있었던 것이다.

아이의 마음 발달, 부모만으로 해결할 수 없다

노벨경제학상을 받은 시카고대학교의 제임스 헤크먼James J. Heckman 교수는 생애주기 중 어느 시기에 공적 자금을 사용해야 비용 대비 효과가 높은지 조사했다. 공적 자금이란 어린이집 및 유치원과 학교 공교육, 취업 활동 등 각 성장 단계마다 일정하게 드는 비용이다. 헤크먼은 성인이 되어 심각한 증상이 나타난 후에 대처하는 것보다 0세에서 만 3세에 이르는 영유아기에 정신적 케어를 하고 멀트리트먼트 위험 가정에 육아 지원과 조기 교육을 하는 편이 비용 대비 효과가 높다는 연구 결과를 발표했다.

또 하나조노대학교의 와다 이치로和田一郎 교수는 아동학대를 사회적 비용의 관점에서 조사했다. 그가 2014년 『아동 복지 서비스 리뷰Children and Youth Service Review』라는 잡지에 게재한 논문에 따르면 아동학대로 인한 사망·부상·질병, 학력에 따른 생산성 손실, 이혼, 범죄, 생활 보장 항목으로 산출한 사회복지 및 의료비 등의 공적 비용은 연간 1조 6000억 엔(2012년 자료 기준 추산)이나 된다고 한다.[3]

사회적 비용을 분석하는 연구는 많은 나라에서 이루어지고 있지만, 일본의 경우 피해 아동과 그 가정을 장기적으로 모니터링한 기초 자료가 부족할 뿐 아니라 아동학대에 들어가는 의료비와 같은 데이터베이스가 없어 추정 집계 금액은 실제보다 훨씬 낮다고 한다. 이 점을 고려하더라도 해마다 1조 6000억 엔이나 되는 세금이 아동학대 관련 비용으로 소요되고 있다는 것은 놀라운 사실이다. 아이의 건전한 마음 성장은 아이가 있는 가정만의 문제가 아니라, 사회 전체가 관심을 가지고 지켜보아야 할 우리 모두의 과제인 것이다.

이 책을 통해 꼭 하고 싶은 이야기

내게는 딸이 두 명 있다. 딸들의 어린 시절을 돌아볼 때마다 과연 나는 좋은 엄마였을까 하고 자문하곤 한다.

솔직히 말하면, 자신 있게 "그렇다"라고 대답하기는 힘들다. 일과 육아의 양립. 말은 쉬워도 실천하기는 굉장히 어렵다. 둘 다 무사히 성인이 된 지금이야 의지가 되고 마음도 든든하지만, 아이들이 어릴 때는 하루하루가 부모의 정체성을 시험당하는 날들이었다.

지금 눈앞에 있는 이 아이는 왜 이렇게 울어대는 걸까, 어째서 말을 듣지 않는 걸까. 영문도 모른 채 날 것 그대로의 감정으로 부딪쳐오는 아이가 지긋지긋하다는 생각을 하기도 했다. 수면제를 먹여서 재워버리면 참 편할 텐데 위험한 이야기지만 이렇게 생각한 적도 한두 번이 아니다. 시간이 갈수록 부모란 언제나 무조건 아이를 사랑하고 용서하는 존재라는 이상^{理想}이 흔들려만 갔다.

한편 의료 현장에서는 날마다 온몸에 상처를 입고 실려 오는 아이들과 마주해야 했다. 부모나 주위 어른에게 폭행을 당해 두개골에는 금이 가고 팔에는 담뱃불로 지진 화상 자국에, 멍든 곳이 채 낫기도 전에 다시 새로운 멍 자국을 달고 오는 아이들. 치료한 보람도 없이 숨을 거두고 만 아이도 있었다.

아이의 목숨을 위협하는 행위는 어떤 이유든 절대 용납할 수 없다. 그러나 가해자가 된 부모들의 속사정을 알아가면서 '만약 그런 상황이었다면 어쩌면 나 역시 아이에게 손을 댔을지도 모른다'라는 생각이 들 때도 있었다. 이러한 경험은 부모로서 자성의 시간을 갖도록 해주었다. 어른이 아이에게 위해를 가하는 환경, 그 자체를 바꾸어나가는 움직임이 필요하지 않을까 생각하는 계기도 되었다.

그리고 언제부턴가 아동 발달에 관한 소아 정신의학 및 뇌과학 연구가 내 일생의 과제로 자리 잡았다. 뇌과학적인 측면에서 아이의 마음 발달을 연구하려는 시도는 아직 걸음마 단계에 불과하다. 물론 과학만으로 해결할 수 없는 일은 많다. 그러나 나는 과학이 밝혀주는 지식을 아는 것이 아이에 대한 부적절한 태도를 억제하는 데 도움이 된다고 믿는다.

세상에 완벽한 어른은 없다. 아이는 넘어지고 실수하면서 자란다. 그러나 성장 과정에 '뇌가 변형될 정도의 상처'는 절대 필요하지 않다.

이 책은 멀트리트먼트와 아이의 뇌 발달 사이에 어떤 관련이 있는지 과학적인 관점에서 분석하고 조기 대응의 중요성에 관해 이야기하는 책이다. 1장에서는 어떤 행위가 멀트리트먼트에 해당하는지, 즉 명백한 학대로 볼 수 있는 것뿐 아니라 일상 속에서 접할 수 있는 멀트리트먼트에 관해서도 알아본다. 2장에서는 멀트리트먼트가 어떻게 아이의 뇌에 영향을 끼치는지 과학적인 측면에서 접근해나간다. 뇌가 실제로 손상된다는 사실이 충격적이겠지만, 마음을 다잡고 끝까지 읽어주기를 바란다.

또 때때로 생소한 의학용어와 뇌 관련 단어가 등장하는데, 과학과 의학에 흥미가 없는 사람이라도 이해하는 데 어려움이 없도록 알기 쉽게 설명하려고 노력했다. 이 책에서 이야기하는 내용은 '뇌와 발달의 관계'를 아는 데 분명 도움이 될 것이다.

3장에서는 아이의 뇌가 지닌 유연성과 회복력이라는 멋진 능력을 이야기하면서 아이가 받은 마음의 상처를 치유하는 치료법을 구체적으로 다룬다. 끝에는 멀트리트먼트의 배경과 안팎으로 표출되는 마음의 병의 증상, 치료 방법을 기술한 케이스 스터디를 소개한다. 구체적인 사례를 먼저 알고 싶다면 이 부분부터 읽어도 된다. 이 책의 클라이맥스라고 할 수 있는 4장은 아이의 건전한 발달에 필수적인 애착 형성을 다루면서 애착은 지금이라도 다시 쌓을 수 있다는 사실을 이야기한다. 끝에는 3장과 마찬가지로 애착 장애에 관한 케이스 스터디를 실었다. 그리고 마지막 5장에서는 아이뿐 아니라 부모에 대한 지원도 중요하다는 사실과 사회 전체가 아이와 멀트리트먼트의 문제에 관심을 두고 지켜보아야 한다는 메시지를 전한다.

나는 멀트리트먼트로 고통받는 사람들을 돕고 싶다. 더는 멀트리트먼트로 상처 입는 아이가 없기를 바라는 간절한 마음에서 이 책을 썼다.

요약

- 감정과 사고는 가슴이 아니라 뇌가 관장한다. 뇌는 우리가 느끼는 불안·공포부터 사고방식과 대처 방법까지 삶 전반을 지배한다.

- 심한 스트레스를 받으면 아이의 섬세한 뇌는 스스로를 변형시켜 생존하려 하고, 그 결과 정상적인 발달이 손상된다.

- 부모의 언어폭력이나 무시는 겉으로 드러나지 않아도 아이의 자기 긍정감을 떨어뜨리고 우울, 자해 등으로 이어질 수 있다.

- 아동학대는 한 개인의 불행을 넘어 범죄, 정신질환, 생산성 저하로 이어져 사회 전체에 막대한 비용을 남긴다.

옮긴이 주

1) 우리나라에서는 보건복지부 산하 아동권리보장원에서 아동학대에 관한 신고 접수 건수, 아동학대 대상자 특성, 피해 상황 등의 자료를 공개하고 있다. 해가 갈수록 증가하는 추세는 일본과 다르지 않다. (https://www.ncrc.or.kr/ncrc/na/ntt/selectNttList.do?mi=1469&bbsId=1127)

2) 우리나라의 경우 아동권리보장원에서 2025년에 발표한 아동학대 통계 현황을 보면 일본과 마찬가지로 심리적 학대가 가장 많고 이어서 신체적 학대가 많은 것으로 나타났다. 2024년 기준 피해 아동의 연령을 살펴보면 우리나라 역시 초등학생이 42.3%(10~12세 23.4%, 7~9세 18.9%)로 가장 많았으나 그다음은 중·고등학생이 35%(13~15세 24.8%, 16~17세 10.2%)를, 4~6세가 11.9%, 0~3세가 10.8%를 차지하고 있다. (https://www.ncrc.or.kr/ncrc/na/ntt/selectNttInfo.do?mi=1469&bbsId=1127&nttSn=9207&cataGori=da07&tabName=all)
아동학대 신고는 긴급한 경우 112로, 의심되거나 발생한 경우 보건복지 콜센터인 129로 전화하면 된다. 또한 아동권리보장원 홈페이지에서 온라인으로 문의할 수 있으며 전국 아동보호전문기관 101개소의 정보도 확인할 수 있다.

3) 우리나라의 경우 2016년에 발표된 이화여대 사회복지학과 정익중 교수 연구팀의 연구 결과를 보면 아동학대의 사회적 비용은 연간 최소 3900억 원에서 최대 76조 원에 이르는 것으로 추산된다. 최소치와 최대치 격차가 큰 이유는 실제 피해 신고 아동과 의심 아동의 비율에 큰 차이가 있기 때문이다. (김수정·정익중, 「아동학대의 사회경제적 비용 추계」, 『한국아동복지학』 53호, 2016, 25-50쪽.)

PART 1

무언가 잘못하고 있다는 걸 미처 알지 못했던 부모들

: 일상 속에 숨어 있던 부적절한 양육

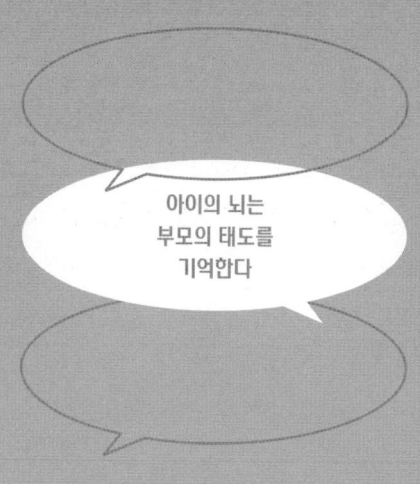

마음 발달 장애란

일본 후쿠이 의과대학 부속병원에는 영유아와 청소년을 대상으로 한 '아동 마음 진료 센터'가 있다. 나는 이곳에서 소아 정신의학과 의사로서 직원들과 함께 '마음 발달'에 문제가 있는 아이들을 진단하고 치료하는 한편 다양한 지원을 하고 있다. 일본은 아직 이러한 전문 진료 시설의 수가 적은 편이어서 아이들과 그 가족들이 전국 각지에서 진료를 받으러 찾아온다.

'마음 발달 장애'라고 하면 자폐증Autism이나 주의력결핍과잉행동장애Attention Deficit Hyperactivity Disorder, ADHD와 같은 질환을 떠올리는 사람이 많을 것이다. 이런 질환들은 자라온 환경과는 상관없이 주로 선천적인 요인으로 인해 발병한다고 알려져 있다. 그러나 아이들의 발달 문제는 후천적인 요인 때문에 일어나는 경우도 적지 않다. 여기서 후천적이란 자라온 환경, 즉 '가정(양육 환경)'이다. 아이를 보호하고 키우고 사랑해야 할 부모나 양육자가 계속 부적절한 태도를 보이면 아이의 마음을 다치게 하는 것은 물론, 신체적인 성장과 정신적인 발달에도 지장을 불러올 수 있는 것이다.

얼마 전, 9개월 된 아기 A가 진료 센터를 찾았다. 엄마와 함께 진료실에 들어섰을 때부터 멍한 표정을 하고 있던 A는 그 어떤 것에도 흥미를 보이지 않았다. 이름을 불러도 시선을 맞추지 않았다.

9개월이면 주변에 흥미가 생기기 시작하고 호기심이 왕성해질 나이다. 별것 아닌 일로도 좋아서 웃고, 낯을 가리느라 큰 소리로 울음을 터트리기도 하는 등 희로애락이 뚜렷해지는 시기이기도 하다. 하지만 A는 이름을 불러도, 장난감을 이용해 주의를 끌어보아도 누구와도 눈을 마주치려고 하지 않았다. 또 지금껏 문제없이 잘 앉았는데 어느 순간 제대로 앉지 못하게 되었다고 한다. 이것은 퇴행 현상 중 하나인 '유아 퇴행'이다.

A를 진찰한 다양한 분야의 의료진들은 하나같이 A가 자폐증이 의심된다는 의견을 내놓았다. 그도 그럴 것이, 자폐증이라고 진단해도 이상하지 않은 증상이었다.

가정환경을 알아보니 A의 엄마는 우울증으로 병원에 다니고 있었고, 할머니가 주로 A를 돌보고 있었다. 해당 지역의 공중보건 간호사(우리나라의 보건소 간호사에 가까운 개념—옮긴이 주)와 아동상담소 직원, 사회복지사와 협력해서 더 면밀하게 조사한 결과, 갱년기 장애를 앓는 할머니가 딸과 손주에게 소리를 지르거나 위협을 가하고 욕설을 퍼붓는 등 일상적으로 심한 폭언을 일삼아왔다는 사실이 밝혀졌다. 모녀 둘 다 신체적인 폭력은 당하지 않았지만, 지속적인 언어폭력에 노출되어 있었다.

마음 발달에 지장을 주는 부적절한 태도

A의 할머니가 한 것처럼 도가 지나친 폭언은 명백한 학대Abuse에 해당한다. 일본의 아동학대 방지법 제2조에서는 아동학대를 크게 네 가지 유형으로 나누어 정의하는데, 간단히 설명하면 다음과 같다.[1]

① 신체적 학대 Physical Abuse
② 성적 학대 Sexual Abuse
③ 방임 Neglect
④ 심리적 학대 Emotional Abuse

'학대'라는 단어에서 우리가 보통 제일 먼저 떠올리는 것은 신체적 학대 혹은 성적 학대다. 방임은 최근 신문이나 방송에서 다루는 횟수가 늘어나 귀에 익은 사람이 많을 것이다. 이는 '육아 포기'라고도 표현하는데, 이를테면 제대로 식사를 챙겨주지 않는다거나, 기저귀를 갈아주지 않고 내버려둔다거나, 장시간 집이나 차 안에 가둬두는 행위를 말한다.

A처럼 폭언에 노출되는 경우는 언어폭력으로 간주하며 심리적 학대에 해당한다. 아이에게 직접적인 위협을 가하는 행동뿐 아니라 아이가 보는 앞에서 부모가 서로에게 폭력을 쓰는 것 역시 심리적 학대다. 나중에 자세히 설명하겠지만 부부싸움, 즉 가정폭력에는 신체적 폭력뿐 아니라 격렬한 말다툼이나 위협하는 말 등 언어폭력도 포함된다.

아이의 몸에 눈에 띄는 상처를 입히고 목숨을 위협하는 행동과 같은 신체적 학대는 TV나 신문에서 충격적인 사건으로 보도된다. 하지만 그런 것만이 학대는 아니다. '훈육의 일환'이라는 명분으로 일상에 스며들어 습관적으로 자행되고 있는 학대도 수없이 많다. 표면적으로는 잔혹하게 느껴지지 않으므로, 은밀하게 행해지는 학대인 셈이다. 이 또한 신체적 학대와 마찬가지로 계속되면 아이를 상처 입히고 마음 발달에 지장을 초래한다.

부적절한 양육, 멀트리트먼트

학대라는 개념을 의학적인 관점으로 확장한 사람은 1960년대 미국의 콜로라도대학교 소아청소년과 교수였던 헨리 켐프Henry Kempe(1922~1984)다. 그가 쓴 논문 「매맞는아이증후군The Battered Child Syndrome」을 계기로 신체적 학대에 대한 관심이 급증한 것이다. 그 후 페미니즘 운동이 활발해지면서 성적 학대에 관해서도 이목이 쏠리기 시작했다. 1980년대에 들어서는 아동학대를 보다 생태학적인 관점에서 접근하려는 움직임이 일면서 '차일드 멀트리트먼트Child Maltreatment'라는 표현이 널리 쓰이게 되었다.

maltreatment는 treatment(취급)에 mal-(나쁘다)이라는 접두어가 붙은 파생어로, 일본어로는 '부적절한 양육'으로 번역한다. 학대와 거의 같은 의미이지만, 정확히는 아이의 마음과 신체의 건전한 성장 및 발달을 저해하는 양육을 통틀어 칭하는 말이다. 어른이 아이에게 하는 모든 종류의 부적절한 태도를 의미하는 한층 폭넓은 개념이라고 할 수 있겠다. 어른에게 가해 의도가 없었다고 하더라도, 아이에게 눈에 띄는 상처나 정신질환이 보이지 않는다고 하더라도 행위가 부적절했다면 그 자체로 이미 '멀트리트먼트'다.

나는 이 멀트리트먼트라는 말이 널리 알려지기를 바란다. 학대라는 단어는 편중된 이미지 탓에 '나와 우리 가족에는 해당

사항이 없다'라고 인식하기 쉽기 때문이다. 실제로는 아이에게 매우 부적절한 행위를 하고 있는데도 '학대라고 말할 정도는 아니다'라고 생각해, 행위 자체를 아무렇지 않게 보아 넘길 가능성이 있다. 예를 들면 어른이 아무 이유 없이 아이를 때리는 행동은 학대라고 인식하면서도 "가볍게 때리는 정도라면 학대는 아니다" "아이의 행동을 바로잡기 위해서는 어쩔 수 없다" "한 번 정도는 괜찮겠지" 등과 같은 이유로 아이에게 폭력을 행사하는 경우가 비일비재하다.

중요한 것은 부적절한 행위의 정도가 아니라 폭력에 노출된 아이의 마음 상태다. 부모가 매일 필사적으로 육아를 하면서 아이를 위한다고 했던 일이 '부적절한 양육'에 해당하는 경우도 있다. 결국 가정이라는 '밀실'에서 이루어지는 부모와 자녀 간의 일에 대해 제삼자가 객관적으로 판단을 내리기란 쉽지 않다.

진료 현장에서 부모들의 이야기에 귀를 기울여 보면, 다소 자기변명이 섞여 있기는 해도 아이가 미워서 그런 것이 아니라는 말만은 사실이다. 학대라는 딱지를 붙여 부모의 인격을 완전히 부정해버린다면 그들이 스스로 양육 태도를 개선해나갈 기회마저 빼앗는 결과를 낳을 수 있다. 부모와 자녀라는 관계의 미래를 생각한다면 있어서는 안 되는 일이다.

나는 학대라는 표현으로는 광범위한 사례를 다 아우르기 힘들다고 생각한다. 국내외 연구와 진료도 멀트리트먼트라는 개념에 기초해 이루어지고 있으므로, 이 책에서는 멀트리트먼트라는 표현을 사용할 것이다. 단, 일본 정부가 낸 통계를 기반으로 기술할 때 등 상황에 따라서는 학대라는 말을 사용할 때도 있을 것이다. 또한 멀트리트먼트 문제를 다룰 때 함께 자주 나올 '부모'라는 단어는 친부모뿐만 아니라 주 양육자나 교육 현장 등에서 아이와 가깝게 지내는 어른도 포함한다.

오해를 방지하기 위해 학대를 멀트리트먼트로 바꾸어 말한다고 해서 부모의 부적절한 행위를 관대하게 생각한다는 것이 아니라는 점을 다시 한번 짚고 넘어가고자 한다. 행위가 가볍든 약하든, 아이를 생각해서 했던 행위든 아니든, 상처 입힐 의도가 있었든 없었든, 아이를 다치게 하는 행위는 모두 멀트리트먼트다. 그리고 우리 어른들은 멀트리트먼트를 했다면 그것을 인정하고 개선할 의무가 있다. 그러니 아이가 있든 없든, 이번 기회가 멀트리트먼트라는 개념을 익히고 어떻게 하면 멀트리트먼트에서 아이들을 지켜낼 수 있을지 함께 생각해보는 시간이 되었으면 한다.

나도 모르게 멀트리트먼트를 하고 있었다

많은 부모에게 양육은 미지의 세계나 다름없다. 다들 시행착오를 거듭하면서 아이를 대하는 요령과 애정을 쏟는 법을 배워간다. 앞에서 이야기했듯이, 아무리 세심하게 주의를 기울여 아이를 키운다고 하더라도 멀트리트먼트를 한 경험이 전혀 없는 부모는 세상에 없을 것이다.

사실 나 역시 두 딸을 키우면서 부적절한 행동을 한 적이 한두 번이 아니다. 처음에는 아이를 생각하는 마음에서 시작한 일이(부모들은 대부분 이렇게 말한다) 도가 지나친 행동으로 치달은 적도 있고, 쌓이고 쌓인 스트레스를 아이에게 풀어버린 적도 있다.

지금도 기억나는 것은 순간적으로 욱해서 딸에게 손을 올리고 말았던 일이다. 일을 마치고 당시 초등학생이었던 딸들과 함께 집으로 가는 길이었는데, 큰딸이 아파트 공동현관용 열쇠를 실수로 길옆 도랑에 빠트리고 말았다.

추운 겨울밤, 나는 너무 피곤하고 지쳐 있었다. 철망이 씌워진 도랑은 바닥도 보이지 않을 만큼 깊어서 빠트린 열쇠를 주울 방법이 없었다. 그 사실을 알아차린 순간, "너 이게 무슨 짓이야!" 하고 소리를 버럭 지르면서 딸의 머리를 때렸다. 그렇게 세게 때리지는 않았지만(부모들은 대부분 이렇게 말한다), 충동적으로 손이 먼저 나가고 말았다는 사실이 스스로에게도 충격이었다.

한번은 작은딸을 위험에 빠트린 적도 있다. 아마도 작은딸이

3살 때 일로 기억하는데, 모처럼 맞은 휴일에 병원에서 긴급 호출이 들어왔다. 마침 작은딸은 막 낮잠이 든 참이었다. 보통 한 번 잠이 들면 도중에 깨지 않고 한두 시간 푹 내리자는 편이어서 아무 거리낌 없이 이 틈에 병원에 가서 볼일을 보고 오면 되겠다고 생각했다.

나는 살짝 집을 빠져나와 두 시간 남짓 볼일을 마치고 집으로 돌아왔다. 그런데 작은딸의 울음소리가 문밖까지 들려오는 것이 아닌가. 당황해서 허둥지둥 집 안으로 들어서자 작은딸이 자지러질 듯 울어대고 있었다. 나중에 이웃집에서 "아기가 계속 울어서 걱정했다"라는 얘기를 듣고 얼마나 가슴이 아팠는지 모른다. 아마도 내가 외출하자마자 바로 잠에서 깨서 장장 2시간은 운 모양이었다. 혹시라도 딸아이가 엄마를 찾는다고 밖으로 나갔다가 끔찍한 사고라도 당했으면 어쩔 뻔했나 하는 생각만으로도 식은땀이 흘렀다. 흡사 세상이 끝나기라도 한 듯 울어 젖혔던 작은딸을 생각하면 지금도 가슴이 미어진다.

바로 이것이 방임이다. 잠에서 깼더니 아무도 없이 혼자만 남겨졌다는 사실을 알아차린 아이는 분명 크게 충격을 받고 무서웠을 것이다. 만약 아동학대를 엄중하게 다스리는 미국에서 일어난 일이었다면 나는 신고를 당해 경찰에 체포되었을지도 모른다.

부끄러운 이야기지만, 이런 경험은 얼마든지 꼽을 수 있다.

중요한 것은 그런 행위가 잘못되었다는 사실을 깨닫고 자신의 양육 태도를 개선해야겠다는 마음이다. 자신의 부적절한 행동을 알아차리지 못하거나 혹은 알고는 있어도 고치지 않고 계속 반복한다면, 아이의 마음에 깊은 상처를 남겨 아이가 건전하게 발달하는 과정을 해치는 결과를 초래할 것이다.

'혹시 그때 내가 아이에게 한 짓이 어쩌면 멀트리트먼트였을지도 모르겠다'라는 생각이 드는 사람도 있을 것이다. 그 행위가 이제 와서 없던 일이 되지는 않겠지만, 부모와 자녀라는 관계는 지금이라도 회복할 수 있다. 우선 어떤 행위가 부적절한 양육에 해당하는지 알고, 아이를 상처 입히는 말과 행동을 되풀이하지 않도록 노력하자. 자신의 행동에 대해 제대로 의식하는 것이 무엇보다 중요하다.

그러면 이제 멀트리트먼트를 특징에 따라 몇 가지로 나누어 구체적으로 알아보자.

체벌은 훈육이 될 수 없다

멀트리트먼트 중에서도 가장 직접적인 행위는 신체를 폭행하는 것이다. 손으로 때리거나 발로 차고, 물건을 집어 던지거나 도구를 이용해 때리고, 화상을 입히거나 물에 빠뜨리는 행위 등이 그것이다. 사건으로 번지거나 사고로 이어질 정도로 참담한 케이스도 많아, 최악의 경우 아무 죄 없는 아이가 죽음에 이르기도 한다.

타박상이나 멍, 골절, 화상과 같은 외상은 아이가 말을 하지 않아도 제삼자가 발견할 가능성이 있지만, 옷으로 가리면 보이지 않는 곳을 폭행당하는 아이들도 적지 않다. 또 머리채를 잡거나 물을 가득 채운 욕조 속에 얼굴을 밀어 넣는 행위는 외상이 남지 않아 오랜 시간이 흐른 뒤에야 발견되는 경우가 많다.

일본에는 옛날부터 아이를 훈육할 때 체벌하는 관습이 있다. 부모나 교사 등 어른들이 '교육의 일환'으로서 육체적인 고통을 수반하는 벌을 주는 것이다. 실제로 내가 학교를 다닐 때만 해도 숙제를 해오지 않으면 복도에 세워두거나 교실에서 떠들면 무릎을 꿇게 하는 정도의 체벌은 일상다반사였다. 특히 나쁜 짓을 한 학생에게는 머리나 엉덩이를 때리는 일도 허다했다. '올바른 행동과 그릇된 행동의 구분을 몸으로 익힌다'라는 이론이었다. 이에 따르면 체벌의 목적은 위해를 가하는 것이 아니라 아이의 행동을 바로잡는 일이 된다.

그러나 아이가 어른에게 맞는다는 것은 어른이 격투기 선수처럼 압도적으로 힘의 우위에 있는 사람에게 폭행을 당하는 것과 다르지 않다. 가령 어른이 힘 조절을 해서 때린다고 하더라도, 아이는 죽을지도 모른다는 공포에 사로잡힌다. 비록 몸에는 상처가 남지 않을지언정 무섭다는 감정은 아이의 마음에 고스란히 새겨진다.

미국에서는 1974년 아동학대를 방지하고 대처하고자 '아동학대 예방 및 치료에 관한 법The Child Abuse Prevention and Treatment Act'이라는 법률을 공포하고, 아동학대를 네 가지 유형으로 분류했다. 그 후 자치주마다 학대 방지에 관한 법률이 제정되었다.

현재 많은 자치주에서는 '훈육'이라는 명분으로 아이를 과격하게 체벌하거나 폭행하는 행위는 '폭력'으로 간주하고 학대 행위로 신고하게 되어 있다. 또한 아이를 보호하는 입장에 있는 보육교사나 학교 교사, 아동복지 관련 시설 직원처럼 전문 직종에 종사하는 사람들은 학대가 의심되는 경우 바로 의무적으로 경찰에 신고하도록 법으로 정해져 있다. 훈육을 빙자한 체벌을 금지하지 않은 자치주에서는 훈육에 대한 가정의 인식을 개선하기 위한 '엉덩이를 때리는 것은 훈육이 아니다No-Spank Challenge' 운동이 확산되고 있다.

최근 일본에서도 체벌을 반대하는 의견이 늘어나면서 체벌 행위가 줄어들고 있지만, 한편으로는 '교육적인 효과가 있다'라는 긍정적인 의견이 뿌리 깊게 남아 있는 것도 사실이다. 2012년에는 오사카 시내의 한 고등학교 농구부 주장이 체육 교사의 잦은 체벌에 못 이겨 스스로 목숨을 끊은 사건이 알려지면서 사회적으로 큰 파문을 일으켰다. 2017년 5월에도 센다이시의 한 중학생이 체벌에 괴로워하다가 자살한 것으로 추정되는 사건이 일어나고 말았다. 남자 교사는 수업 시간에 존다는 이유로 주먹으로 뒷머리를 때리고, 여자 교사는 떠든다고 테이프로 입을 막아버렸다고 한다.

아이를 가르치는 것은 확실히 쉬운 일이 아니다. 바른길로 이끌고 싶지만 이런 마음이 늘 통하는 것도 아니다. 반항하거나 건방진 말대꾸를 듣기라도 하면 버럭 소리를 지르고도 싶고, 무심코 손부터 올라가는 일도 있다. 그러나 그렇게 한다고 해서 과연 아이에게 내 마음이 전해질까. 사고방식과 문화의 차이도 있기에 '체벌은 학대인가'라는 문제의 답을 내리기는 어렵다. 그러나 지나친 체벌로 아이를 위험에 빠트리는 사건이 끊임없이 일어난다는 점을 생각하면, 체벌은 엄연한 멀트리트먼트이며 사라져야 마땅하다고 본다.

어떤 문제가 생겼을 때 쉽게 폭력에 의지하는 사람은 자신의 행위를 '합리화'하는 경향이 있다. 자신뿐 아니라 주위에도 "아이의 행동을 바로잡기 위한 정당한 훈육"이라고 핑계를 대며 확신한다. 합리화 자체는 다양한 상황 속에서 많든 적든 누구나 할 수 있지만, 체벌로 아이를 크게 다치게 해놓고도 '훈육'이라고 우기는 경우까지 과연 이해하고 넘어가주어야 할까.

2010년에는 교토부 미야즈시에서 엄마와 내연 관계에 있는 남자가 7살인 큰딸을 폭행한 후 그대로 방치하는 바람에 의식

불명이 된 사건이 있었다. 밥을 천천히 먹는다는 '약속'을 지키지 않았다는 이유에서였다. 교토 지방법원은 이듬해 아이의 엄마에게 징역 5년 6개월, 내연 관계의 남자에게는 징역 7년의 실형을 내렸다고 한다. 이와 같은 사건은 어쩌면 극단적인 예에 속할지도 모른다. 그러나 아동상담소의 소개로 진료 센터를 찾는 아이의 대부분이 '훈육을 빙자한 체벌'을 받고 있다. 이야기를 들어보면, 부모가 아이의 행동을 교정하는 데에만 몰두한 나머지 자신이 무슨 행동을 하고 있는지 냉정하게 판단할 수 없었다고 한다.

몸과 마음 둘 다 상처를 주는 체벌

또 한 가지 명심해야 할 점은, 체벌은 '신체적 멀트리트먼트'인 동시에 '정신적 멀트리트먼트'이기도 하다는 사실이다. 사람은 누구나 자신보다 체격이 큰 사람에게 폭행을 당하면 공포를 느낀다. 심한 상처를 입지 않았더라도 반격조차 할 수 없는 부당한 상황에 놓인 채 다른 사람이 보는 앞에서 누군가에게 맞으면 굴욕을 느낄 수밖에 없다.

체벌을 받은 경험에 관해 이야기할 때 "나쁜 짓을 한 적두 없는데 맞아서 억울했다"라고 하는 사람이 제법 많다. '너무 창피해. 난 역시 쓸모없는 인간이야'라고 생각하는 사람도 있다. 신체적인 고통보다는 오히려 불합리하게 절대적인 복종을 강요받았다는 굴욕과 수치의 감정이 마음속 깊이 새겨지는 것이다. 그러므로 체벌은 '백해무익'이다. 비단 신체뿐 아니라 뇌에도 깊은 상처를 남겨 마음의 발달을 해친다는 사실을 꼭 기억해주기 바란다. 이러한 신체적 멀트리트먼트가 끼치는 영향은 2장에서 상세히 다룰 것이다.

알아차리기 쉽지 않은 폭력

'성적 학대'라고 하면 몸을 만지거나 성행위를 강요하는 것을 떠올리는 사람이 많겠지만, 사실 성적 멀트리트먼트는 거기서 그치지 않는다. 포르노를 보여주거나 알몸 사진을 찍는 등 접촉을 하지 않는 경우도 해당한다. 성행위를 하는 장면을 보여주는 행동 또한 성적 멀트리트먼트로 볼 수 있다.

성적 멀트리트먼트의 가해자는 대부분 친부모나 양부모, 늘 돌보아주는 가족이나 친인척 등 일상에서 아이와 가깝게 지내는 어른이다. 폐쇄적인 환경에서 은밀하게 이루어지는 경우가 많아 좀처럼 피해가 겉으로 드러나지 않는 것도 특징이다. 집안에서 일어나면 누군가가 알아차릴 법도 하지만, 전혀 눈치채지 못하거나 오히려 모른 척하는 일도 있다. 예를 들면 남편이 딸에게 성적 멀트리트먼트를 하고 있어도 자신 또한 남편에게 폭행을 당하고 있어 묵인하는 엄마도 있다. 집을 비우는 일이 잦아 아이에게 무관심해서 알아차리지 못하기도 한다.

성적 멀트리트먼트의 또 다른 특징은 장기간에 걸쳐 반복되는 경우가 많다는 점이다. 너무 이른 나이에 피해를 겪으면 아이 자신도 학대인지 아닌지 자각하지 못하기도 한다. 진료실을 찾아온 한 여자아이의 경우, 어릴 때부터 아빠에게 성행위를 강요받았지만 아무런 의문도 품지 못했다. 초등학교에 들어가 친구들과 대화하면서 그제야 자신과 아빠의 관계가 비정상적이라는 사실을 깨달았다고 한다. 충격, 혼란, 수치, 사실을 알아도 아빠의 요구를 거부할 수 없다는 절망과 공포……. 아이가 육체적으로, 정신적으로 받은 상처의 크기는 감히 짐작도 가지 않는다.

이렇게 피해자와 가해자의 관계가 지나치게 가까운 탓에 피해 사실이 겉으로 드러나기 어려운 사례가 매우 많다. 아이는 누군가에게 털어놓으려고 해도 그럴 만한 사람을 찾기 힘들다.

임신이나 성병, 외상 등 신체적인 흔적이 있는 경우는 차치하더라도 아이 스스로 피해 사실을 감추면 제삼자가 알아차릴 기회는 거의 없다. 보통 아이들은 가해자인 부모가 불이익을 당할까 봐 걱정하거나, 말했다가 오히려 더 큰 피해를 볼까 봐 사실대로 털어놓기를 주저한다. 사실을 밝힐 수 있는 환경이 마련되어도 주위 시선이나 사회적 체면을 의식하는 어른의 반응과 혼란을 보고 느끼면 '당한 내가 잘못이다' '나 같은 건 이 세상에 필요 없어'라는 생각으로 이어지기도 한다. 그렇게 점점 입을 다물고, 성병에 걸려도 피해 사실을 숨기려고 한다.

여자아이뿐 아니라 남자아이도 피해자가 될 수 있다는 사실도 간과해서는 안 된다. 아직 일본은 남자아이가 성적 멀트리트먼트의 대상이 될 수 있다는 인식이 낮기 때문에 여자아이의 경우보다 안전·예방 대책이 부족한 실정이다. 피해를 당해도 주위 어른들이 믿어주지 않는 경우도 있어 여자아이보다 피해 사실이 드러나지 않는 경향이 강하다.

2017년 6월, 일본에서 성범죄 처벌을 강화하는 형법 개정안이 통과되었다. 1907년 성범죄에 관한 형법이 제정된 이후 무려 110년 만의 개정이다. 지금까지 강간죄에서 피해자로 보는 것은 여성에 한했지만, 드디어 남성도 포함되었다. 늦어도 너무 늦었다. 아이에 대한 성적 학대 또한 엄벌에 처하는 것으로 바뀌었다. 특히 부모나 양육자가 영향력을 이용해 만 18세 미만 아동을 성적으로 학대한 경우 '보호자 성교 등 죄' '보호자 외설죄'에 의거, 피해자의 고소가 없어도 처벌 대상이 된다는 조항이 신설되었다.[2]

법률이 개정된 것은 기쁜 일이지만, 이것만으로는 아이를 보호할 수 없다. 성적 학대를 받은 아이들은 마음에도 큰 장애를 안는다. 특히 성인이 된 후 우울증이나 해리^{Dissociation}(끔찍한 사건이나 극심한 스트레스를 겪은 것을 심리적으로 견디지 못하고 의식이나 기억이 사라져버리는 현상) 증상을 일으키기 쉽다는 연구 결과도 있다. 아이가 이러한 위험에 처하게 해서는 안 된다.

성적 멀트리트먼트를 판단할 때 유의해야 할 점

사실 성적 멀트리트먼트는 어디부터 어디까지를 멀트리트먼트라고 판단해야 할지 구분하기 모호한 측면이 있다. 샤워를 마친 아버지가 벌거벗은 채 돌아다니는 행동은 아이에게 하는 멀트리트먼트로 봐야 할까, 그저 허물없이 지내는 가족의 훈훈한 풍경으로 봐야 할까? 성적인 묘사가 포함된 TV나 영화를 가족과 함께 보는 일은 부적절한 행위일까? 사춘기 아이의 몸에 일어난 변화를 가족 식사 자리에서 화제로 삼아도 될까? 아이와 몇 살까지 함께 목욕해도 될까?

참고로 미국에서는 부모와 자녀가 함께 목욕하는 것을 성적 학대로 본다. 이렇듯 문화적인 차이도 있기에 시대의 변화나 아이의 연령에 따라서도 성적 학대를 구분하는 잣대가 바뀌기 마련이지만, 중요한 것은 부모의 생각을 일방적으로 강요하지 않고 아이의 마음과 신체의 발달을 존중하는 일이다. 예를 들어 어느 날 아이가 옷을 갈아입는 모습을 보이기 싫다는 의사를 내비치면, 부모는 아이의 기분을 이해하고 받아들여야 한다.

부모는 아이를 보호할 의무가 있다

방임은 앞에서 언급했듯 육아 포기라고도 불리는 학대로, 아이에게 도움의 손길이 필요할 때 보살피지 않고 내버려두는 행동을 의미한다. 그중에서도 식사를 챙겨주지 않거나, 몸을 씻겨주지 않거나, 옷을 갈아입혀 주지 않는 등 아이가 매일 건강하게 성장하는 데 신체적으로 필요한 것을 채워주지 않는 행위를 '신체적 방임'이라고 한다.

2010년, 일본 오사카시에서 미혼모가 만 3세와 만 21개월의 영유아 두 명을 아파트에 방치하고 다른 곳에서 애인과 시간을 보내는 등 빈번하게 집을 비우다가 아이들이 굶어 죽고만 안타까운 사건이 일어났다. 또 부모가 둘 다 도박에 빠져 아기를 장시간 차 안에 방치해 아기가 열사병으로 사망한 사건이 알려져 사회적인 문제로 대두된 일도 있었다.

이처럼 생명과 직결된 방임은 보기 드문 사례에 속할지도 모른다. 그러나 이를테면 아이의 시력이 0.1밖에 되지 않는데도 안경을 사주지 않거나, 예방접종을 받을 시기인데도 그냥 넘긴다거나, 병에 걸려도 병원에 데려가지 않는 등의 일은 지금도 빈번하게 일어나고 있다. 앞에서 말한 것처럼 나 역시 낮잠 자는 3살짜리 아이를 집 안에 혼자 남겨두고 일하러 나간 경험이 있다. 다행히 큰일이 일어나지는 않았지만, 이 또한 방임이다.

미국의 많은 자치주에서는 일정한 연령 이하, 주로 초등학생 이하 아이에게 혼자 집을 보게 하면 방임으로 간주해 법적인 처벌을 받거나 상황에 따라 체포되기도 한다. 내가 어릴 때만 해도 부모가 맞벌이하는 집의 아이는 대체로 부모에게 열쇠를 받아 학교를 마치고 혼자 집을 보거나 밖에 나가 놀곤 했는데, 미국에서는 상상도 할 수 없는 일인 것이다. 물론 일본에서도 최근에는 아이가 초등학생이 되기 전까지는 집 근처라도 혼자서는 놀러 나가게 하지 않거나, 물건을 사 오게 하는 심부름도 혼자서는 보내지 않고 학원에도 반드시 어른이 데려갔다가 데리고 오는 집이 많다. 놀이터나 공원 같은 곳에 가면 아이가 안전하게 놀 수 있도록 어른이 곁에서 지켜보는 분위기도 자리 잡아가고 있다.

간혹 '방임주의'라는 말을 아이에게 자유를 주는 관용적인 교육방침으로 해석하는 경우가 있는데, 사회적으로 안전을 보장받기 힘든 요즘은 '방임=학대'라고 생각해도 과언이 아니다. 방임과 학대를 구분하기란 굉장히 모호하고 해답 또한 하나만 있는 것이 아니다. 다만 어른에게 아이가 스스로 안전한 환경을 유지할 수 있는 연령에 이르기 전까지는 책임지고 아이를 보호할 의무가 있다는 것은 명확하다.

건강한 뇌 발달을 돕는 스킨십

그밖에 많이 볼 수 있는 사례가 아이가 울고 있는데도 계속 무시하거나 스킨십을 전혀 하지 않는다거나 이야기를 들어주려고 하지 않는다거나 하는 방임이다.

아이가 칭얼대고 있다는 사실을 알면서도 게임에 빠져 그냥 내버려 둔다거나 아이가 집에 돌아왔다는 사실을 알면서도 문자 메시지나 채팅에 열중해서 고개도 들지 않는다거나 아이가 말을 걸어도 못 들은 척하는 등등. 매일 아이를 돌보고는 있어도 이렇게 아이와 소통하지 않고 무시하는 상황이 계속된다면 이 또한 방임이다.

특히 스킨십은 아이의 마음 발달에 매우 큰 역할을 하므로 부모와 자녀 간에 신체적 접촉이 지나치게 적으면 어떤 의미에서는 정신적인 방임이라고 할 수 있다.

20~30년 전과 비교해 지금은 일하는 엄마들이 꽤 늘었다. 그래서 다들 직장에서 퇴근하자마자 어린이집이나 학원에 아이를 데리러 갔다가 집에 돌아오면 저녁 식사를 준비하느라 바쁘

다. 식사하는 동안에도 세탁기를 돌리고 아이들이 목욕하는 동안 설거지를 한다. 아이들이 잠들면 내일을 위해 이것저것 챙기고 준비한다. 이처럼 짧은 시간을 어떻게든 효율적으로 꾸려나가기 위해 매일 고군분투하며 사는 부모도 많을 것이다. 아버지나 어머니의 그러한 모습을 보면서 아이는 자립을 배우고 부모에 대한 존경심을 마음에 새겨나간다.

그러나 아이에게 꼭 필요한 것은 부모에게 어리광을 피우는 시간이다. 부모와 제대로 눈을 맞추고 온기를 피부로 느끼면서 웃는 얼굴로 교감하는 시간이 무엇보다도 중요하다.

집안일이나 회사일, 채팅은 내일도 할 수 있다. 그러나 하루하루 조금씩 아이가 성장해나가는 순간은 두 번 다시 오지 않는다.

비록 짧은 시간이라도 아이와 교감하고 소통하는 시간을 갖기 바란다. 한 사람의 육아 선배로서 하는 부탁이자 소아 정신의학과 의사로서도 특히 강조하고 싶은 이야기다. 스킨십과 커뮤니케이션은 과학적인 관점에서 볼 때도 아이의 뇌와 마음의 발달에 큰 영향을 미치기 때문이다.

방임으로 인한 애착 장애를 예방하려면

요즘 '애착 장애Reactive Attachment Disorder'라는 말을 심심찮게 듣는다. 애착attachment은 '아이와 특정한 모성적 인물(물론 아버지라도 상관없다) 간에 형성되는 특별한 정서적 유대감'을 가리킨다. 즉, 부모와 자녀(혹은 양육자와 아이)라는 관계의 밑바탕을 이루는 것이 애착이다.

아이는 부모의 품에 안겨 부모와 눈을 맞추고 웃음을 나누는 행위로 안심감과 신뢰감을 온몸으로 배워가는 존재다. 애착이라는 감각이 건강하게 자라남으로써 성장하면서 조금씩 바깥 세계로 발을 내디딜 수 있다. 부모에게 사랑받고 있다는 자신감과 안심감만 있으면 아이의 마음은 얼마든지 건전하게 성장해나간다. 비록 힘든 일이 있어도 나는 안전한 곳으로 돌아갈 수 있다. 언제나 내 곁에는 안심할 수 있는 사람이 있다. 이러한 '마음의 안정'이 나아가 사회성 발달로도 이어진다.

애착 장애(반응성애착장애라고도 한다)란 안전을 위협받았을 때 마음을 진정시키기 위해 돌아갈 장소가 없는 상태를 가리킨다. 부모가 아이를 학대하거나 방임한다든지, 혹은 양육자가 계속 바뀌는 탓에 아이에게 안전한 장소가 마련되어 있지 않은 상태다.

2장에서 보다 상세히 다루겠지만, 우리 연구진은 애착 장애가 있는 아이는 마음이 불안정해질 뿐 아니라 뇌 신경 일부도 정상적으로 발달하지 못한다는 사실을 밝혀냈다. 그런 아이는 성인이 된 후에도 건전한 인간관계를 맺지 못하거나 성취감이 낮아 무언가를 할 마음이나 의욕이 일지 않는 등 다양한 문제를 떠안게 된다.

이렇듯 아이의 미래를 위해서도 유아기와 아동기에 부모와 자녀 간의 관계를 제대로 맺는 일은 매우 중요하다. 그러니 손을 잡거나 안아주는 행위를 가볍게 봐서는 안 된다. 얌전히 TV를 보고 있다고 해서, 스마트폰이나 태블릿PC를 신나게 만지며 놀고 있다고 해서 아이를 내버려두어서도 안 된다.

요즘에는 '스마트폰 육아'라고 해서 교육용 장난감이라는 명분으로 영유아에게 전자기기를 쥐여주는 집도 많다. 물론 아이가 전자기기에 몰입해 있는 동안이나마 부모가 잠시나마 지친 몸과 마음을 쉬게 할 수 있다는 의견도 있다. 편리한 도구를 이용해 육아에 여유로운 시간을 마련하는 것은 부모의 정신건강만 생각하면 바람직한 일이다. 그러나 무엇이든 균형이 중요하다. 시간적인 여유를 누린 만큼 아이와 마주할 때 스킨십과 대화를 많이 나누려고 노력하자.

스마트폰보다 스킨십을 한 번 더

일본 정부는 2017년 5월, '저연령 아동의 인터넷 이용 환경 실태조사'에서 아동의 인터넷 접속기기 이용 상황에 대한 결과를 발표했다.

조사에 따르면 만 2세의 37.4퍼센트, 만 3세의 47.5퍼센트, 만 9세에 이르러서는 89.9퍼센트가 스마트폰이나 태블릿PC 등의 모바일 기기를 이용하고 있는 것으로 밝혀졌다. 놀랍게도 하루 평균 이용 시간은 60.9분으로, 하루에 1시간은 이용하는 셈이다.[3]

스마트폰의 영향만은 아니겠지만, 최근 혼자서도 잘 노는 '키우기 수월한' 아이도 늘고 있다고 한다. 자신의 육아 태도를 돌아보고 스킨십과 같은 교감이 충분히 이루어지고 있는지 다시 한번 생각해보기 바란다. 만약 자신과 자녀 사이에 온기나 웃음, 대화가 부족하다고 느낀다면 노력해서라도 아이와 소통하는 시간을 늘려 아이에게 '너의 안전기지는 바로 여기'라는 사실을 온몸으로 알려주자.

스킨십에 익숙하지 않은 아이는 처음에는 싫은 표정을 짓거나 달아나려고 할지도 모른다. 그러니 일종의 가벼운 놀이처럼 아이를 무릎 위에 앉히고 간지럼을 태우는 등 의식적으로 접촉하는 시간을 만들어가는 노력이 중요하다. 잠들기 전에 오늘은 아이와 몇 번이나 스킨십을 했는지, 이야기를 얼마나 나누었는지 돌아보는 습관을 들이는 것도 좋은 방법이다. 비단 어머니뿐 아니라 아버지도 마찬가지다. 집에서 함께 시간을 보내고 있다고 하더라도 아이와 제대로 소통하지 않고 자신만의 일상이나 욕망만을 앞세운다면 그 또한 방임이라고 할 수 있다.

간과하기 쉬운 심리적 멀트리트먼트

방임과 함께 가볍게 여기기 쉬운 것이 바로 심리적·정신적 멀트리트먼트다. 일본 경찰청 생활안전국 소년과의 조사에 따르면 2016년 아동상담소에 신고 접수된 5만 4천 227명의 학대 피해 아동 중 '심리적 학대'로 접수된 건수는 3만 7천 183건으로, 전체의 약 68.6퍼센트를 차지했다. 신체적 학대의 1만 1천 165건(20.6퍼센트)과 비교해도 상당히 높은 비율로, 3배를 넘어선다(「2016년 기준 청소년 비행, 아동학대 및 아동 성 착취 등의 상황에 관하여」, 2017년 3월 발표).

예전에 아동상담소에서 진료 센터로 데려온 한 여자아이는 멀쩡한 이름이 있는데도 부모에게 '쓰레기'라고 불리고 있었다. 도저히 건강하게 성장하기 어려운 상황에 놓여 있었던 것이다. 심리적 멀트리트먼트란 이처럼 마음에 상처를 주고 마음의 발달을 해치는 행위를 말한다. '바보' '쓰레기'와 같이 경멸과 차별, 위협이 담긴 단어나 욕설을 반복하는 등 주로 '말'을 이용해 이루어지므로 영어로는 'Verbal Abuse언어폭력'이라고도 한다. 예를 들면 "너 같은 건 낳지 말았어야 했어" "너만 없었으면 결혼도 안 했을 테고 이따위 고생도 안 했을 텐데" "할 줄 아는 게 대체 뭐니? 차라리 나가 죽는 게 낫겠다" 등등 아이의 존재 자체를 부정하는 말이다. 이 정도의 폭언까지는 아니어도 무심코 욕설을 입에 담는 일은 흔하다.

형제와 지나치게 비교당할 때도 아이는 마음에 상처를 입는다. 이를테면 형의 성적을 들먹이며 동생의 성적을 지적한다거나, 친척 앞에서 여동생만 칭찬하고 언니는 무시하는 행위도 상황이나 정도에 따라 멀트리트먼트가 되기도 한다.

나아가 아이를 두고 한 말이 아니더라도 그 말이 아이의 마음을 다치게 할 수 있다. 엄마가 아빠를 심하게 헐뜯는다거나(혹은 그 반대의 경우), 할아버지와 할머니가 부모의 험담을 하면 아이는 가장 좋아하는 엄마 혹은 아빠가 욕을 먹는다는 사실에 슬퍼할 뿐 아니라 피가 이어진 자신을 비관하거나 자신마저 부정당했다고 여긴다.

가시가 돋친 말투가 아니어도 훈육할 수 있다

체벌에 관한 설명에서도 이야기했지만, 훈육과 멀트리트먼트는 다르다. 훈육이란 아이의 행동을 바로잡고 살아가는 데 필요한 기술이나 예의범절을 몸에 익히게 하는 것이다. 아이가 타인을 향해 물건을 집어 던졌다면 "사람이 다칠 수 있으니까 그런 행동은 하면 안 된다"라고 사람의 도리를 가르치는 일이 훈육이다. "사람을 향해 물건을 던지다니 넌 글러 먹었구나" "그러니까 넌 안 되는 거야" 같은 말을 하는 것은 절대 훈육이 아니다.

죄는 미워해도 사람은 미워하지 말아야 한다. 고쳐야 하는 것은 행동 자체이지 성장 단계에 있는 아이의 인간성이 아니다. 인격을 부정해보았자 아이는 '사람에게 물건을 던지면 안 되는구나'와 같은 교훈을 절대 배우지 않는다. 오히려 '난 몹쓸 인간이야'라는 생각에 사로잡혀 자기 긍정감만 떨어진다. 무엇을 하든 자신감을 가지기는커녕 시종일관 다른 사람의 안색을 살피면서 어떻게든 그 자리를 모면하기 위한 거짓말이나 핑계를 계속 만들어내게 될 뿐이다.

아이에게 부모의 평가란 절대적이다. 여러분도 어린 시절에는 그랬을 것이다. 어른으로 성장해 사회에 익숙해진 지금이야 '어른도 틀릴 때가 있지. 언제나 맞는 말과 올바른 행동만 하는 건 아니니까' 하고 비교적 냉정하게 받아들일 수도 있다. 그래도 부모에게 자신의 말과 행동을 부정당하면 아무리 나이를 먹어도 가슴 아프다. 하물며 어릴 때는 더하면 더했지 덜하지는 않을 것이다.

어린아이에게 있어 부모가 자신을 부정한다는 것은 온 세상이 자신에게 등을 돌리는 것이나 마찬가지다. 비록 그 자리에서는 말대꾸하거나 못 들은 척해도, 아이는 늘 부모의 말에 귀를 기울이고 있다. 그래서 몸도 마음도 충격을 받고 상처를 입는다.

한편 부모는 아이에게서 원하는 반응을 얻지 못하면 차츰 이성을 잃고, 결국에는 아이의 마음은 아랑곳하지 않고 더 심한 폭언을 내뱉기도 한다. 그러다 가시 돋친 말투로 대화하는 일이 일상처럼 되어버린 집도 있다. 폭언 하나하나는 사소한 독일지 모르지만, 감수성이 예민하고 연약한 아이의 뇌에는 명치를 얻어맞는 듯한 타격감이 계속해서 새겨진다.

심리적 멀트리트먼트가 습관으로 굳어지면 말을 하는 당사자는 점점 무감각해지기 마련이다. 자신의 양육 태도를 한 번쯤 돌아보고 평소 아이에게 하는 말과 말투를 점검해보기 바란다. 요즘 들어 조금씩 심한 말을 쓰고 있다는 생각이 들면 오늘부터라도 말을 가려 쓰고 말투도 부드럽게 바꿔보자. 그리고 반성하고 있다는 것을 아이에게 꼭 말로 전해보자. 이 세상에 아이들만큼 용서에 천부적인 재능을 지닌 존재는 없다.

작은 인정과 칭찬이 아이 잠재력을 쑥쑥 키운다

아이를 키우다 보면 부모가 아이의 노력을 부정해버리는 일도 흔하게 일어난다. 아이가 열심히 무언가에 몰두해 있을 때는 그 모습을 칭찬하고 인정해주어야 마땅한데도 욕심이 앞선 나머지 "아니, 좀 더 잘할 수 있잖아" "왜 이 정도도 못 해?" 등과 같은 말로 아이에게 상처 주는 부모를 심심찮게 본다.

이는 사실 내가 아이를 키울 때 했던 실수이기도 하다. 얼마 전 둘째가 내게 이런 이야기를 했다.

"나 어렸을 때 사람들 앞에서 계속 암산 연습시켰던 거 기억나? 내가 틀리면 엄마는 늘 얘는 왜 이렇게 암산을 못 하는지 모르겠다고 사람들 앞에서 웃어넘기곤 했잖아. 근데 사실 난 그때마다 너무 창피하고 속상했어."

둘째는 그 기억이 10년 이상 지난 지금도 괴로운 기억으로 가슴속 깊이 앙금처럼 남아 있다고 했다. 그러고 보니 둘째가 어릴 때 잘 못 하는 암산을 어떻게든 잘하게 해보려고 애썼던 시기가 있었다. 당시 내 교육관 중 하나는 '스트레스에 강한 아이로 키우자'였다. 그래서 일부러 사람들 앞에서 연습시킨 적도 있었다. 틀리기라도 하면 불만 반 겸손 반으로 "얘는 왜 이렇게 암산을 못 하는지 모르겠어요"라고 하면서 쓴웃음을 지어 보였다. 나는 그 일을 까맣게 잊었지만, 둘째는 지금까지 기억하고 있었던 것이다.

많은 사람 앞에서 떨지 않고 제 실력을 발휘할 수 있는 것은 분명 멋진 일이다. 그러나 그것이 사람이 살아가는 데 있어 가장 중요한 것은 아니다. 더군다나 아이의 자존심을 무너뜨리면서까지 가르쳐야 할 일은 아니라는 사실을, 지금은 안다.

물론 부모에게는 아이를 교육해야 할 의무가 있고, 아이의 장래를 생각하다 보면 자신도 모르게 집착하고 마는 것은 어쩔 수 없을지도 모른다. 하지만 냉정함을 잃은 교육과 훈육은 결국 이렇게 아이를 아프게 할 뿐 아니라 아이의 '성장 잠재력'을 갉아먹는다. 나 자신의 뼈아픈 경험에서 깨달은 사실이자 현재 아이를 키우는 부모들에게 꼭 전하고 싶은 메시지다. 부모에게 인정받는다는 것은 아이에게는 인생의 기반이 마련되는 일과 같다. 이를 우리 어른들은 지금 다시 한번 확실히 인식할 필요가 있다.

부부싸움은 아이가 없는 곳에서 하라

정신적 멀트리트먼트의 대다수는 아이에게 도가 지나친 말로 위협하거나 부정적인 태도를 보이는 것이다. 더 나아가 최근에는 직접 아이에게 한 말이 아니어도 아이가 보는 앞에서 부부싸움을 하는 행위(면전面前 가정폭력) 등도 아이의 뇌와 마음의 발달에 악영향을 끼치는 정신적 멀트리트먼트로 보는 추세다. 일본의 아동학대 방지법의 경우, 2004년 개정된 제2조 아동학대의 정의에 '아동이 동거하는 가정에서 배우자에 대한 폭력(배우자—사실혼도 포함—의 신체를 불법적으로 공격해서 생명 또는 신체에 위해를 가하거나 이에 준하는 심신상의 해로운 영향을 끼치는 언동을 말한다)'이라는 문구가 들어가 있다. 앞서 인용한 경찰청 조사에서도 2016년에 신고가 접수된 '심리적 학대'의 구체적인 내용을 살펴보면 면전 가정폭력이 전체의 46.1퍼센트를 차지해, 이전보다 증가하고 있다는 사실을 알 수 있다.

가정폭력Domestic Violence은 가족 구성원 사이의 신체적·정신적 또는 재산상 피해가 따르는 행위로 정의하는데, 특히 부부 및 연인 사이에 벌어지는 정신적 고통과 육체적 고통 및 폭력을 가리킨다. 일본 내각부 산하 남녀공동참획국(우리나라의 성평등가족부에 해당한다—옮긴이 주)이 펴낸 「배우자 폭력 피해 지원정보」에 따르면 2015년 4월부터 2016년 3월까지, 전국 262개소에 설치된 여성상담소 및 복지사무소 부속 가정폭력 상담 지원 센터에 접수된 배우자 폭력 피해 상담 건수는 약 11만 1천 600건(2016년 9월 16일 발표)에 이르는 것으로 밝혀졌다. 2010년도 동 조사 결과 7만 7천 334건과 비교해서 44퍼센트나 증가했다. 상담자의 성별은 압도적으로 여성이 많았으며, 2010년도에는 7만 6천

613건, 2015년도에는 10만 9천 629건이 접수되었다. 한편 남성의 상담 건수는 전체의 약 1~2퍼센트에 그쳤다.[4]

여성 상담자가 압도적인 비율을 차지한다는 점에서 여성을 예로 들긴 했지만, 가정폭력 피해자들은 흔히 "나한테는 못된 남편이어도 아이한테는 좋은 아버지"라고 증언한다. 그러나 이는 아주 잘못된 생각이다. 직접 폭력과 폭언을 당하지 않았어도 그것을 눈앞에서 보고 들은 시점에서 아이들은 이미 피해자다. 아무리 아이에게 잘하는 아버지여도 아이의 기분을 무시하고 상처를 주는 이상 절대 좋은 아버지라고 할 수 없다.

지금까지는 아이가 직접적으로 가정폭력의 피해를 당하지 않은 경우 아이의 발달과 관련지어 생각하려는 시도가 이루어지지 않았지만, 사실 부모가 싸우는 모습을 눈앞에서 목격하면 아이의 뇌와 마음은 엄청난 스트레스를 받는다. 아이가 보는 앞에서는 부부싸움을 하지 않는다고 해도, 아이는 가정에서 일어나는 일을 기민하게 알아차린다. 그리고 자신이 가족을 지켜주지 못했다는 사실에 죄책감을 느끼곤 한다. 자신만 피해를 보지 않았다는 것을 자책하면서 자신도 가해자나 다름없다고 단정 지어버리기도 한다. 이러한 죄책감 또한 트라우마가 되어 아이의 뇌와 마음을 좀먹어간다.

나는 강연회와 진료 현장 등 기회가 있을 때마다 면전 가정폭력이 아이들에게 끼치는 영향에 관해 알리고 부부싸움이 불가피할 때는 문자나 모바일메신저를 이용하도록 조언하고 있다. 절대 우스갯소리로 하는 이야기가 아니다. 말다툼이 과열될 것 같으면 적어도 아이가 보거나 듣지 않는 곳에서 하자. 부디 가정에서 꼭 이 규칙을 도입해주기 바란다.

도쿄대학교 대학원 의학연구과의 기타 사치코キタサチ子 교수와 연구진은 가정폭력 피해 여성 38명 및 그 자녀 51명을 대상으로 가해자인 남편으로부터 격리된 여성과 자녀의 건강 상태에 관해 조사했다. 그 결과, 가해자인 아버지와의 면회가 가정폭력 피해 가정에 있었던 아이의 정서 및 행동 발달에 끼치는 영향을 알 수 있었다. 아버지와의 면회가 아이의 건강에 악영향을 끼쳐 아버지와 한 번도 만나지 않은 아이들에 비해 내향적 문제(은둔형 외톨이, 신체적 증상 호소, 불안감 및 우울감 등)가 12.6배나 증가한 사실이 드러난 것이다. 연구에서는 가해자가 아버지인 경우를 들고 있지만, 가해자가 어머니인 경우도 다르지 않을 것으로 추측된다.

위 연구 결과처럼, 아이와 가해자인 아버지(혹은 어머니)의 면회는 신중하게 판단할 필요가 있다. 아이의 양육 문제를 둘러싸고 현재 정치적으로도 다양한 움직임이 일어나고 있지만, 아이의 건강과 안전을 최우선으로 생각한 조기 개입과 양육 환경의 시급한 개선이 하루빨리 이루어져야 한다.

뇌에 더 심각한 손상을 주는 언어폭력

면전 가정폭력 때문에 생기는 트라우마는 아이의 뇌에 어떤 영향을 끼칠까? 미국 하버드대학교와 공동 연구한 결과, 어린 시절에 가정폭력을 목격하면서 자란 사람은 뇌의 뒤통수엽후두엽에 있는 시각겉질시각피질 일부에서 단어의 인지나 꿈을 꾸는 일에 관여하는 혀이랑설회의 용적이 정상적인 뇌에 비해 평균 약 6퍼센트가량 줄어든다는 사실이 밝혀졌다. 신체적인 폭력을 목격한 경우는 위축률이 약 3퍼센트였지만, 언어를 이용한 폭력의 경우 20퍼센트나 줄어들어 6~7배나 더 영향을 받는 것으로 드러났다. 즉, 신체적인 폭력을 목격한 경우보다 욕설이나 위협 등 언어폭력을 보거나 들었을 때 뇌에 더 큰 손상이 생긴다.

가정폭력의 목격에 따른 심각한 영향은 다른 조사에서도 명백하게 드러났다. 하버드대학교 의대의 제휴 병원 가운데 하나인 매사추세츠주 소재의 맥클린 병원에서 신체적·정신적 학대와 트라우마 반응의 관련성을 조사한 마틴 테이쳐Martin Teicher 교수 연구진에 따르면, 트라우마 반응이 가장 심각한 것은 '가정폭력 목격'과 '언어폭력'의 조합이었다. 이 연구는 2장에서 보다 자세히 다룰 것이다.

겉으로는 멀쩡해도 이미 손상된 뇌

정신적 멀트리트먼트를 받아도 외상도 남지 않고, 죽지도 않는다……. 과연 그럴까? 직접적인 영향이라는 측면에서 보면 정신적 멀트리트먼트 때문에 죽는 일도 없거니와 사건으로 번지는 일 또한 거의 없다. 비쩍 마른 몸에 무수한 멍 자국처럼 눈으로 보기에 처참한 모습 같은 것도 없다. 그러나 '마음', 즉 '뇌'에는 큰 상처가 남는다. 그리고 그 상처는 서서히 아이를 잠식해간다. 혹은 잊고 있다가도 오랜 시간이 흐른 뒤에 갑자기 후유증으로 발현해 아이를 괴롭히기도 한다.

가정폭력을 목격하면 혀이랑이 위축된다는 사실은 일부 사례에 지나지 않는다. 연구에서는 멀트리트먼트의 종류에 따라 뇌의 다른 부위도 변형된다는 결과가 나왔다. 우울감에 빠지거나 타인에게 지나치게 공격성을 드러내거나 감정을 정상적으로 표현하지 못하는 증상이 나타나기도 한다. 거식증, 자해처럼 신체를 상처 입히거나 약물에 의존하는 등 정상적으로 일상생활을 하기 힘든 경우도 많다. 최악의 경우 범죄나 자살로 치닫기도 한다.

정신적 멀트리트먼트는 절대 가벼운 학대가 아니다. 겉으로는 잘 드러나지 않지만 서서히 피를 말리듯 오랜 세월에 걸쳐 피해자를 고통스럽게 하는, 굉장히 잔혹한 행위다.

관심받기 위해 자신의 아이를 해치는 사람들

지금까지 설명한 학대라는 주제에서는 조금 벗어나지만, 멀트리트먼트로 번질 위험이 큰 '뮌하우젠 증후군Münchausen Syndrome'이라는 질환에 관해서도 잠깐 짚고 넘어가자. 뮌하우젠 증후군이란 주위의 동정이나 관심을 얻기 위해 스스로 병에 걸린 척하거나 자신의 몸에 상처를 내는 정신질환이다. 그리고 동정이나 관심을 얻기 위해 자신이 아닌 '다른 사람'을 해치는 질환은 '대리 뮌하우젠 증후군Münchausen Syndrome By Proxy'이라고 한다.

주로 자신의 아이를 대상으로 한다고 알려져 있는 대리 뮌하우젠 증후군의 대표적인 사례로는 미국에서 발생한 사건이 유명하다. 만 8세 여아가 난치병을 앓는 사연이 매스컴을 타면서 미국 전역의 동정을 불러일으켰다. 그런데 나중에 엄마가 아이에게 독극물을 먹이고 수액에 이물질을 섞어 일부러 병에 걸리게 만든 사실이 발각되었다. 일본에서도 후생노동성의 조사보고서에서 동반 자살을 제외하고 아이를 학대해서 죽음에 이르게 한 이유로 대리 뮌하우젠 증후군을 언급한 사례가 과거 10년간 4건이나 있었다(2016년 9월 「아동학대에 따른 사망 사례 등의 검증 결과에 관해서」, 제12차 보고).

사실 나도 대리 뮌하우젠 증후군 환자를 진료한 경험이 있다. 어떤 엄마가 5살 된 여자아이와 함께 진료 센터를 찾아 "아이가 밤마다 머리가 아프다고 징징대고, 잠도 제대로 못 자고 밤중에 울어댄다"라고 호소했다. 혈액검사, 뇌 검사 등 다양한 방법으로 진찰해보았지만 아이에게서는 아무런 이상도 발견되지 않았다. 최종적으로 아동상담소가 개입해 한동안 아이를 시설에 보호하면서 관찰한 결과, 모두 엄마가 거짓으로 꾸며낸 이야기로 드러났다.

대리 뮌하우젠 증후군을 앓는 사람(대부분 주 양육자인 어머니)은 대개 아이를 고의로 병에 걸리게 하거나 장애를 입게 하고, 사람들 앞에서는 헌신적인 어머니 혹은 아버지를 연기한다. 가족이나 지인의 관심을 끌고 칭찬 혹은 동정을 받고 싶은 것이다. 아이가 병에 걸렸는데도 오히려 희희낙락하며 간호한다거나 부자연스러운 증상이 많은 등 의심쩍은 구석은 있지만, 계획적으로 교묘하게 이루어지는 경우도 많기 때문에 의료 관계자조차 여간해서는 구분하기 힘들다. 그 결과 불필요한 투약 및 주사, 때에 따라서는 수술까지 하는 등 본래 건강했던 아이를 인위적으로 병들게 하는 일도 있다. 이처럼 아이가 불필요하고 유해할 수 있는 의료 지원을 받는다는 점에서 '아동 의료 학대 Medical Child Abuse, MCA'라고 부르기도 한다.

대리 뮌하우젠 증후군은 웬만해서는 발각되기 어려운 질환이므로 실제 환자 수는 훨씬 많을 것으로 추정된다. 최근에는 SNS에 자신의 아이가 괴로워하는 모습을 사진으로 찍어 올리는 부모도 등장했다. 일부러 아이를 병에 걸리게 하는 부모는 극히 일부에 지나지 않겠지만, '내 아이를 이용해 사람들의 주목을 받고 싶다'라는 욕구를 지닌 부모가 생각보다 많은 것 같다. 의사로서 이러한 분위기는 조금 우려스럽다. 그래서 양육 지원 등 업무상 많은 부모와 자녀를 접하는 분들에게 무언가 이상하다는 느낌이 드는 가정이 있으면 특히 신경 써서 지켜봐달라고 부탁하고 있다.

멀트리트먼트가 아이의 뇌에 끼치는 영향은 다음과 같이 요약된다.

- 멀트리트먼트를 받으면 아이의 뇌가 변형된다.
- 멀트리트먼트의 종류에 따라 변형되는 뇌의 부위가 다르다.

태어나 성장하는 동안 계속 발달해가는 아이의 뇌는 어른이 상상하는 것보다 훨씬 연약하고 쉽게 상처 입는다. 가장 가깝고 안전한 곳이어야 할 부모에게서 '공격'을 받으면 특히 심각한 손상을 입는다. 또 손상되는 부위는 공격의 종류에 따라 다르다. 2장에서는 각각의 멀트리트먼트가 아이의 뇌에 어떠한 손상을 일으키는지, 그것이 아이의 장래에 어떠한 영향을 끼치는지 더 자세히 알아보자.

요약

- 신체적·성적 학대뿐 아니라 폭언, 무시, 부부싸움 같은 일상 속 태도도 아이의 뇌 발달을 심각하게 저해할 수 있다.

- 훈육을 명분으로 한 체벌은 아이에게 공포와 굴욕을 남기며 뇌 발달과 자존감에 장기적인 상처를 남긴다.

- 아이를 혼자 두거나 기본적인 돌봄을 소홀히 하는 방임은 애착을 형성하지 못하게 하고 정서·사회성 발달을 해친다.

- 스마트폰에 몰두해 아이의 말을 무시하거나 교감을 잃는 것도 현대 사회에서 흔한 방임의 한 모습이다.

- 반복되는 폭언과 비교, 무시는 아이의 존재 자체를 부정하게 만들고 스스로를 쓸모없다고 여기게 한다.

옮긴이 주

1) 우리나라에서는 아동복지법 제3조 7항에서 아동학대를 "보호자를 포함한 성인이 아동의 건강 또는 복지를 해치거나 정상적 발달을 저해할 수 있는 신체적·정신적·성적 폭력이나 가혹행위를 하는 것과 아동의 보호자가 아동을 유기하거나 방임하는 것"으로 정의한다.

2) 우리나라도 강간죄 피해자를 '부녀'로 한정했지만 개정 형법이 시행된 2013년 6월부터 '사람'으로 변경되었다. 이와 함께 강간죄에 대한 고소(친고죄) 규정도 삭제되어 고소가 없더라도 수사 기관의 범죄 인지로 공소를 제기할 수 있고 피해자가 처벌을 원하지 않아도 가해자의 처벌이 가능하다.

3) 우리나라에서는 과학기술정보통신부 산하 한국지능정보사회진흥원이 2025년에 발표한 스마트폰 과의존 현황 보고서에 따르면 2024년 기준으로 유·아동(3~9세)의 25.9%가 과의존 위험군에 해당하는 것으로 나타났다. (https://www.nia.or.kr/site/nia_kor/ex/bbs/View.do?cbIdx=65914&bcIdx=27831&parentSeq=27831)
또한 국무조정실 산하 정보통신정책연구원이 2024년에 발표한 아동·청소년의 미디어 이용 행태 보고서에 따르면 10세 미만 어린이의 스마트폰이나 태블릿PC 등 모바일 기기의 하루 평균 이용 시간은 1시간 30분이었다. (https://www.kisdi.re.kr/report/view.do?key=m2101113025790&masterId=4333447&arrMasterId=4333447&artId=1667676)

4) 우리나라의 경우 경찰청 통계에 따르면 전체 가정폭력 신고 건수는 2021년 21만 8680건, 2022년 22만 5609건, 2023년 23만 830건, 2024년 23만 6647건으로 증가세다. (https://www.data.go.kr/data/15037060/fileData.do)

어긋난 양육으로
상처를 받고 있는 아이들
: 멀트리트먼트가 아이 뇌에 주는 영향

아이의 발달을 막는 트라우마

심리학에서는 얼마 전까지 아동학대 피해자는 사회적·심리적 발달이 억제되어 방어 기제가 과도하게 활성화하기 때문에 성인이 된 후에도 자기 패배감Self-Defeating에 빠지기 쉬워 정신적인 문제를 떠안는다고 생각해왔다. 즉, 트라우마 탓에 사회적·정신적 발달이 제대로 이루어지지 않아 성인이 되고 나서도 '내면 아이 Inner Child(한 개인의 인생에서 어린 시절부터 지속적인 영향을 미치는 또 하나의 자아—옮긴이 주)'로 머물러 있게 된다는 것이다. 그리고 상처 입은 마음은 치료하면 복구가 가능해, 트라우마의 원인이 되는 기억을 지울 수 있다는 견해가 대세였다. 트라우마를 일으키는 세 가지 요인, 즉 생물학적 요인, 심리학적 요인, 사회적 환경 중 주변 환경(사회적 환경)을 바로잡고 문제를 어떤 식으로 파악할 것인지에 대한 인지 방법(심리학적 요인)을 개선하면 마음의 상처는 치유할 수 있다는 주장이었다.

그러나 뇌 영상 진단법을 이용해 연구한 결과, 아동학대가 한창 발달 중인 뇌 기능과 신경 구조에 영속적인 손상을 준다는 사실이 밝혀졌다. 멀트리트먼트로 인해 뇌의 성장이 멈춰버릴 뿐 아니라 그 결과 심각한 트라우마를 일으키게 된다는 것이다. 이는 생물학적 요인에 해당한다. 그래서 이번 장에서는 생물학적 요인으로서 멀트리트먼트가 뇌에 끼치는 손상과 그 영향에 관해 알아보려 한다.

체벌을 받은 아이 뇌에서 일어나는 일들

지금까지 이야기한 것처럼 멀트리트먼트를 받은 아이의 마음은 깊은 상처가 난 상태다. 그러나 마음의 상처는 아무리 깊게 나 있어도 눈에 보이지 않아 막연하기 때문에 그 실태를 파악하기 힘들다.

마음이 뇌라고 하는 지극히 복잡한 장기에서 비롯된다는 것은 틀림없는 사실이다. 최근에는 뇌 영상 기술의 진보에 힘입어 살아 있는 사람의 뇌를 자세히 들여다보는 일이 가능해졌다. 우리 연구진은 이러한 뇌 영상 기술에 주목해 뇌를 세밀하게 분석하면 마음의 상처도 가시화할 수 있다는 가설을 입증하고자 연구를 시작했다.

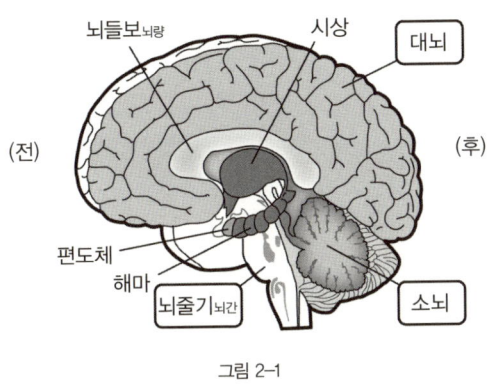

그림 2-1
해마와 편도체 중심으로 본 뇌

멀트리트먼트와 상관없이 종래의 뇌 연구에서는 해마와 편도체(그림 2-1) 그리고 이마엽전두엽(그림 2-2) 이 세 부위가 스트레스에 취약한 곳이라고 생각해왔다. 이 부위들을 간단하게 설명하면 다음과 같다.

뇌는 크게 대뇌, 소뇌, 뇌줄기(그림 2-1)로 구성되어 있다. 해마는 우리의 양쪽 귀 깊숙한 곳에 있는 좌우 한 쌍의 기관으로, 명칭은 가늘고 긴 단면이 말을 닮은 바닷물고기 해마와 비슷하게 생긴 데에서 유래했다. 대뇌에서 보내오는 다양한 정보를 처리하고, 그것을 토대로 기억을 만들어내고 보관하는 일을 한다. 특히 감동이나 흥분과 같은 강렬한 감정을 불러오는 사건의 기억에 깊이 관여한다.

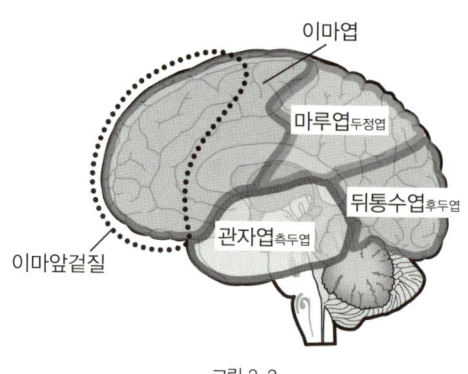

그림 2-2
이마엽과 이마앞 겉질 중심으로 본 뇌

편도체는 관자엽의 안쪽에 위치하며 한 쌍의 아몬드 모양으로 생긴 감정과 관련된 기관이다. 쉽게 말하면 과거의 경험과 기억을 바탕으로 좋고 싫음이나 눈앞에 있는 사람이 적인지 아닌지 등의 가치 판단에 관여하고, 특히 위험과 직결된 정보에 민감하게 반응한다. 이마엽은 말 그대로 대뇌의 앞부분에 위치하며, 특히 이마앞겉질(그림 2-2)은 학습 및 기억과 관련이 있다. 이 기관은 해마나 편도체의 기능을 조절하는 중요한 역할도 담당한다. 위험이나 공포를 관장하는 편도체가 과도하게 반응하지 않도록 적당히 간섭하거나 제어하는 것이다. 거꾸로 말하면, 이 마앞겉질이 충분히 발달하지 않은 사람은 위험이나 공포를 쉽게 느낀다.

2003년 마틴 테이처 교수와 함께 연구를 시작했을 때, 우리는 아이의 뇌에서 손상되기 쉬운 곳이 바로 이 세 부위일 것으로 예측했다. 이를 입증하기 위해 만 18~25세의 미국인 남녀 약 1500명을 대상으로 인터뷰한 후 아래와 같이 체벌을 받은 경험이 있는 23명을 뽑았다.

- 체벌 내용: 손으로 뺨을 맞거나 벨트나 몽둥이 같은 물건으로 엉덩이를 맞음
- 체벌받은 연령: 만 4~15세 사이
- 체벌한 사람: 부모나 양육자
- 체벌받은 기간: 1년에 12회 이상, 3년 이상 지속

이러한 조사를 할 때는 대조군도 필요하므로, 위와 같은 체벌을 받은 경험이 없는 22명에게 도움을 받았다.

우리는 고해상도 핵자기 공명 영상법 Magnetic Resonance Imaging, MRI 으로 이 두 그룹의 뇌를 촬영했다. 그리고 상세한 형태 정보를 수집해서 뇌 겉질 용적을 정확히 해석하는 화소 기반 형태 분석법 Voxel-Based Morphometry, VBM 을 이용해 두 그룹의 뇌 겉질 용적을 비교했다.

PART 2 어긋난 양육으로 상처를 받고 있는 아이들

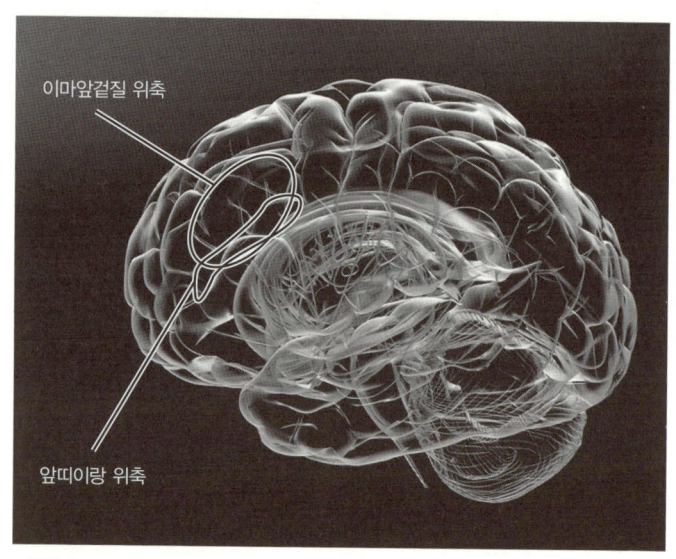

그림 2-3
엄한 체벌이 뇌에 끼치는 영향

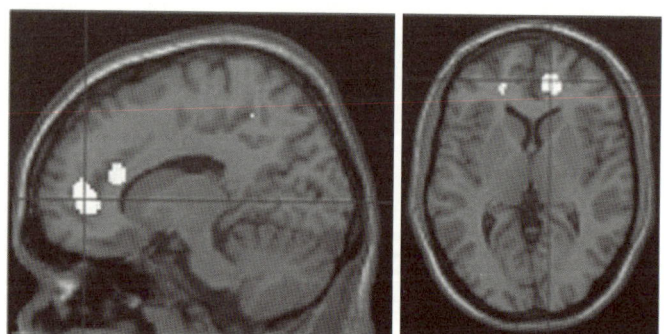

그림 2-4
왼쪽은 뇌 중앙을 종단해서 촬영한 MRI 영상, 오른쪽은 뇌 중앙을 횡단해서 촬영한 MRI 영상으로 하얀 부분은 용적이 줄어든 이마앞겉질과 앞띠이랑의 일부

그 결과, 엄한 체벌을 경험한 그룹에서는 그렇지 않은 그룹에 비해 이마앞겉질(그림 2-3) 중 감정과 사고를 조절하고 행동 억제력에 관여하는 우측 이마앞겉질(내측)의 용적이 평균 19.1퍼센트, 좌측 이마앞겉질(배외측)의 용적이 14.5퍼센트 작아진 것을 확인했다(그림 2-4). 그리고 집중력과 의사 결정, 공감 등과 관계된 우측 앞띠이랑전대상회(그림 2-3)가 16.9퍼센트 감소했다(그림 2-4). 이 부분들이 손상되면 우울증의 일종인 기분 장애나 비행을 반복하는 행동 장애를 일으키게 된다. 특히 만 6~8세경에 이러한 신체적 멀트리트먼트를 겪었을 때 뇌에 끼치는 영향이 가장 크다는 결과도 있다.

또 과도한 체벌을 받은 사람은 신체에서 뇌의 시상(그림 2-1)을 지나 대뇌겉질대뇌피질 중 몸감각겉질의 '통증을 전달하는 신경 회로'가 좁아진다는 사실이 최근 다른 연구에서 밝혀졌다. 뇌가 체벌이 주는 고통에 둔감해지려고 적응했을 가능성이 크다.

이 새로운 사실과는 별개로, 신체적 멀트리트먼트가 이마앞겉질 영역에 주는 영향은 연구 전에 예측한 범위 내의 결과에서 벗어나지 않았다.

그런데 다른 멀트리트먼트에 대해 해석해나가던 중, 예상치 못한 결과가 잇따라 밝혀지기 시작했다. 그중 하나가 성적 멀트리트먼트다.

성적 멀트리트먼트가 야기하는 뇌의 손상

성적 멀트리트먼트에 관해서는 일반인들 중에서 총 554명의 미국인 학생들을 뽑아 인터뷰했다. 그리고 아동기에 성적 멀트리트먼트를 받은 경험이 있는 여학생 23명과 성적 멀트리트먼트 피해 경험이 전혀 없고 정신적인 문제도 없는 건강한 여학생 14명을 대상으로 고해상도 MRI로 뇌를 촬영한 후, VBM으로 분석해 뇌 겉질의 용적이 차이가 나는지 비교했다. 성적 멀트리트먼트를 받은 그룹은 건강한 그룹에 비해 뒤통수엽에 위치한 시각겉질(그림 2-5)의 용적이 줄어들었다(그림 2-6).

그래서 이번에는 '프리서퍼FreeSurfer(자동 뇌 분할 프로그램)'라는 해석법을 이용해 뇌 형태의 차이를 비교해 보았다. 프리서퍼는 미국 매사추세츠 종합병원에서 개발한 영상 해석 프로그램으로, 대뇌겉질 부위의 용적이나 겉질의 두께, 표면적을 한층 세밀하게 측정할 수 있다. 뇌 속 두 점간의 거리 등 통상적인 방법으로는 정확히 계측하기 어려운 수치를 측정할 수 있는 것도 강점이다.

결과는 예상한 대로 VBM을 이용해 분석한 내용과 비슷했다. 성적 멀트리트먼트를 받은 그룹은 그렇지 않은 그룹에 비해 좌반구의 시각겉질의 용적이 8퍼센트 줄어들어 있었다. 특히 눈

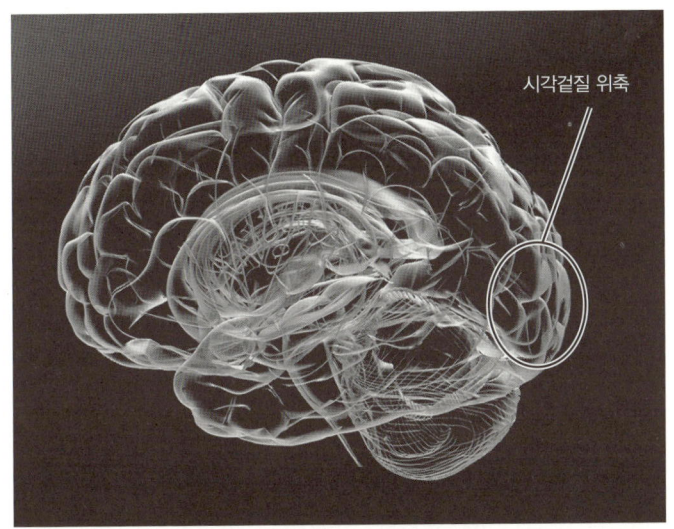

그림 2-5
어린 시절 겪은 성적 멀트리트먼트가 뇌에 끼치는 영향

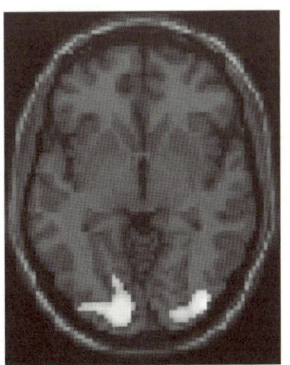

그림2-6
시각겉질의 용적이 줄어든 부분이 하얗게 보임

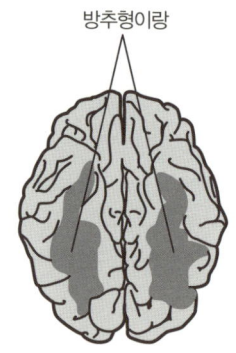

그림 2-7
뇌 중앙을 횡단한 후 아래에서 본 그림

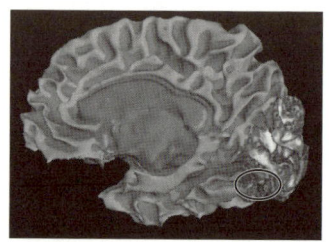

그림 2-8
프리서퍼로 해석한 성적 멀트리트먼트 경험자의 뇌 단면도. 동그라미 표시된 부분은 용적이 감소한 방추형이랑의 일부임

길을 끄는 것은 시각겉질 중에서도 얼굴 인식과 관련된 방추형이랑^{방추상회}(그림 2-7)이라는 부분이었다. 이 부분이 멀트리트먼트를 받지 않은 그룹에 비해 평균 18퍼센트 작아져 있었던 것이다(그림 2-8).

시각겉질은 말 그대로 시각과 관련된 영역이다. 눈으로 들어오는 외부 정보는 우선 망막에서 시각적 신경 정보로 처리되어 시신경을 거쳐 대뇌로 향한다. 그 정보를 받는 곳이 시각겉질인데, 그중 가장 먼저 정보를 받아들이는 곳을 일차시각겉질^{일차시각피질, V1}이라고 한다. 일차시각겉질은 물체의 기울기나 선 등 단순 정보를 추출해 이차시각겉질^{이차시각피질, V2}로 보내고, 여기서 처리된 정보가 다시 시각 연합겉질^{시각 연합피질, V3~V5}로 가는 구조다. 영상 검사에서는 특히 일차시각겉질의 용적 감소가 뚜렷하게 나타났다.

이 결과는 사춘기 전 만 11세경까지 성적 멀트리트먼트를 받은 학생들 사이에서 현저하게 뚜렷이 나타났다. 만 11세까지 피해를 겪은 기간과 시각겉질의 용적 감소 사이의 명확한 상관관계도 확인되었다. 피해 기간이 길면 길수록 일차시각겉질의 용적이 작았다.

영국의 신경세포학자 로렌스 개리^{Laurence John Garey} 교수는 일차시각겉질의 시냅스(신경세포^{뉴런} 간의 접합부) 밀도는 생후 8개월에서 정점을 찍은 후 차츰 줄어들어 만 11세경에 성인 수준으로 떨어진다고 보고했다. 즉, 일차시각겉질은 만 11세경에 완성된다는 것이다.

이 사실과 만 11세 이전에 성적 멀트리트먼트의 영향이 크다는 결과 사이에는 일관성이 있다. 사춘기 전의 뇌 발달 시기에 심각한 트라우마가 생기면서 일차시각겉질에 이변이 일어난 것이다.

그렇다면 시각겉질의 용적 감소는 무엇을 의미할까? 시각겉질은 눈앞의 사물을 보는 것뿐 아니라 영상의 기억 형성과도 깊은 관련이 있는 곳으로 추측된다. 말하자면 '시각적인 메모리 용량의 감소'와 이어져 있을 가능성이 있다.

네덜란드의 신경세포학자 한스 수페르Hans Super 교수 연구진의 연구에 따르면, 일차시각겉질은 '워킹 메모리'와 관계가 있다고 한다. 워킹 메모리는 이마앞겉질이 특히 발달한 인간과 유인원에서 볼 수 있는 독자적인 시스템으로, 외부 정보를 처리 가능한 상태에서 일시적으로 뇌 속에 저장해두는 역할을 한다. 이 워킹 메모리 덕분에 인간은 다양한 기억을 떠올리고 과거의 정보에 비추어 사고할 수 있다.

그러나 메모리의 용량에는 한계가 있다. 피해자의 뇌가 이 메모리 용량을 줄임으로써 고통을 동반하는 기억을 뇌 속에 저장해두지 않으려고 하는 것이 아닐까 추측된다. 우리는 이 조사에서 멀트리트먼트 경험자와 그렇지 않은 그룹을 대상으로 시각에 따른 기억력을 측정하는 테스트도 진행했는데, 그 결과 일차시각겉질의 용적이 작은 사람일수록 시각에 따른 기억력이 떨어진다는 사실을 확인했다.

또 전원 오른손잡이인데도 뇌의 좌반구와 우반구 중 좌반구의 시각겉질에서 용적 감소가 두드러진 점도 특징적이었다. 이것은 무엇을 의미할까. 오른손잡이의 경우 우측 시각겉질은 '사물의 전체상'을, 좌측 시각겉질은 '세부'를 파악하는 기능을 한다. 즉, 좌측 시각겉질이 작아진 것은 보고 싶지 않은 장면을 자세히 보지 않아도 되게끔 무의식적으로 적응한 결과로 보인다. 이 영역은 시각에 동반되는 감정 처리도 맡고 있어, 싫은 사건을 떠올릴 때마다 신경이 활성화한다고 알려져 있다. 고통이 따르는 기억을 반복해서 떠올리지 않도록 시각겉질의 용적이 감소한 것으로 추측된다.

손상되기 쉬운 뇌의 민감기

뇌에 대해서 알아두어야 할 사항 중 연령과 발달의 관계성이 있다. 인간의 뇌는 어머니의 뱃속에 있을 때부터 사춘기, 때에 따라서는 성인기까지 시간을 들여 서서히 발달해나간다. 그런데 모든 부분이 같은 속도로 발달하는 것이 아니라 영역마다 한창 자라는 시기가 다르다. '민감기'라고 부르는 이 시기의 뇌는 다른 때보다 스트레스에 취약해서 쉽게 타격을 받는다.

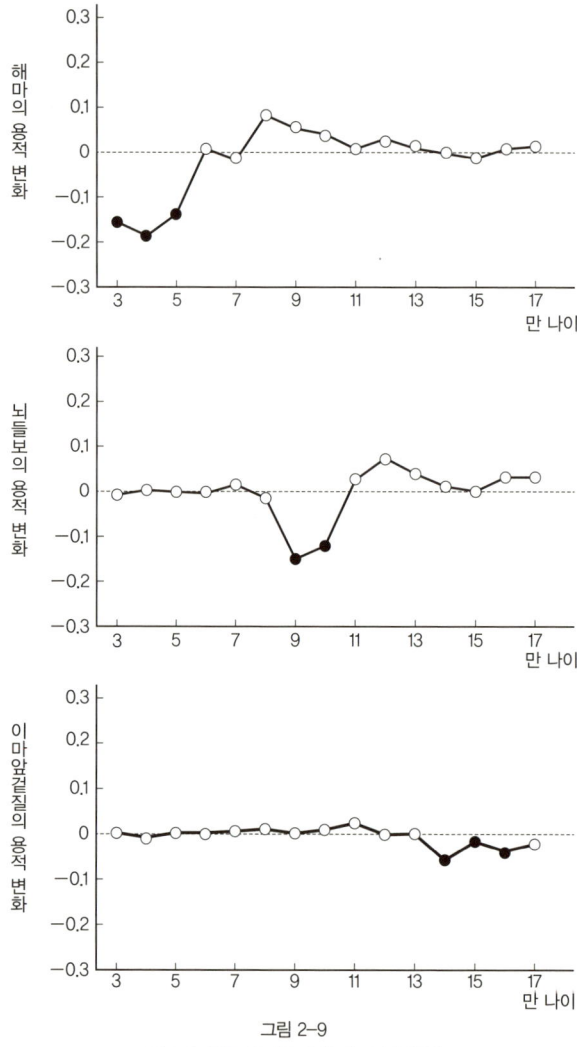

그림 2-9
멀트리트먼트 시기별 손상되는 뇌의 부위

여러분은 성적 멀트리트먼트가 시각겉질 외에도 해마, 뇌들보(대뇌의 좌반구와 우반구를 잇는 섬유 다발), 이마앞겉질까지 영향을 끼침으로써 각 영역이 감소한다는 사실을 확인했다. 또 멀트리트먼트를 경험하는 연령에 따라 영향을 받는 장소가 다르다는 사실이 그림 2-9에 나오는 3개의 그래프에서 확인된다. y축은 뇌의 각 부위에 나타나는 용적의 변화, x축은 성적 멀트리트먼트를 겪은 연령을 가리킨다.

- 기억과 감정을 관장하는 해마의 민감기: 만 3~5세
- 우뇌와 좌뇌를 잇는 뇌들보의 민감기: 만 9~10세
- 사고나 행동과 관련된 이마앞겉질의 민감기: 만 14~16세

민감기도 눈여겨보면서 다른 멀트리트먼트에 관해서도 검증해보자.

정서 불안이나 관계의 어려움을 야기하는 폭언

부모의 폭언에 고스란히 노출되는 정신적 멀트리트먼트를 경험한 아이는 지나치게 불안해하거나 두려워하고 울부짖는 등 정

서 장애, 우울증, 은둔형 외톨이 증상이 나타나기도 하고 학교에 적응하지 못하거나 문제 행동을 일으키기도 한다. 이때 뇌에는 어떤 변화가 일어나고 있을까.

만 18세까지 폭언으로 인한 멀트리트먼트를 경험한 사람들과 그렇지 않은 사람들에 대해서도 MRI로 뇌 속을 확인해보았다. 체벌에 관한 연구 조사 때와 마찬가지로 만 18~25세 미국인 남녀 약 1500명을 대상으로 인터뷰했다. 그리고 다음 설문에 참여하도록 해 멀트리트먼트의 정도를 수치화한 후, 그 결과를 바탕으로 폭언에 의한 멀트리트먼트를 겪은 적이 있으나 신체적·성적 피해는 보지 않은 21명을 뽑았다. 대조군으로는 멀트리트먼트로 인한 피해를 전혀 경험한 적이 없고, 정신적인 문제도 안고 있지 않은 19명을 뽑았다.

내 아버지·어머니는
어린 시절(만 18세 이전)
얼마나(한 번도 없다 / 2년에 1회 / 1년에 1회 / 1년에 2~3회 / 매월·매주·일주일에 2~3회 / 매일)

① **나를 야단쳤다.**
② 나에게 소리를 질렀다.

③ 나에게 욕을 퍼부었다.

④ 내 행동을 비난했다.

⑤ 나를 깎아내렸다.

⑥ 나에게 위해를 가하겠다고 협박했다.

⑦ 내 기분을 나쁘게 하는 험담을 했다.

⑧ 나에게 바보라고 하거나 행동이 유치하다고 했다.

⑨ 내가 하지 않은 행위에 대해 비난했다.

⑩ 사람들 앞에서 나를 무시하거나 창피를 주었다.

⑪ 나를 비판했다.

⑫ 명백한 이유 없이 나에게 신경질적으로 호통을 쳤다.

⑬ 나에게 무능하고 쓸모없는 인간이라고 했다.

⑭ 내가 무능하고 쓸모없는 인간이라고 느껴지는 말을 했다.

⑮ 나에게 언성을 높였다.

그 결과, 폭언으로 인한 멀트리트먼트를 받은 그룹은 그렇지 않은 그룹에 비해 대뇌겉질의 관자엽에 있는 청각겉질(그림 2-10)의 좌반구 일부인 위관자이랑^{상측두회} 회백질의 용적이 평균 14.1퍼센트나 증가한 사실을 알 수 있었다(그림 2-11). 그리고 설문 조사의 응답에서 뇌의 용적에 끼치는 영향은 아버지와 어머니 모두 폭언하는 것이 아버지 혹은 어머니의 폭언보다 크게, 어머니의 폭언이 아버지의 폭언보다 크다고 나타났다. 즉, 혼자

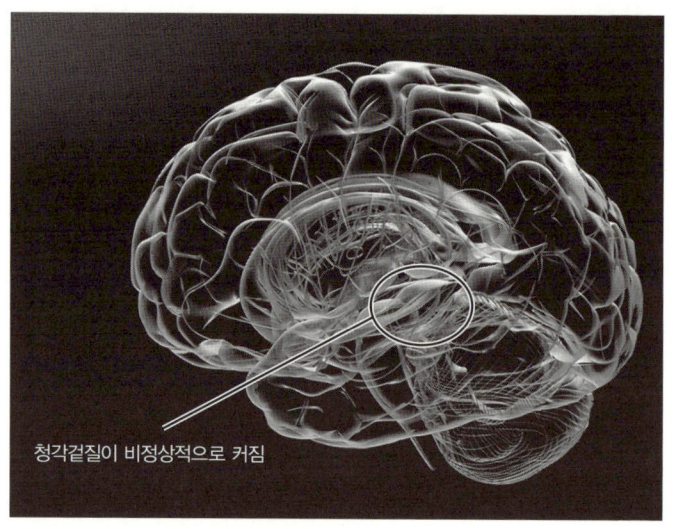

그림 2-10
폭언으로 인한 멀트리트먼트가 뇌에 끼치는 영향

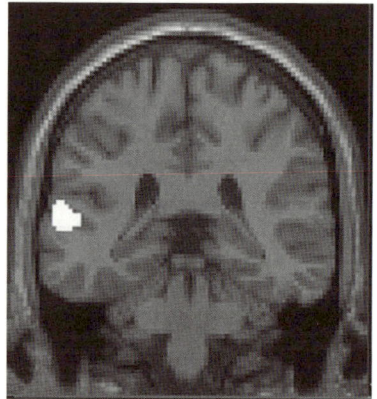

그림 2-11
용적이 증가한 좌반구 청각겉질 일부가 하얗게 보이고 있음

보다는 둘, 아버지보다는 아이와 함께 있는 시간이 긴 어머니의 폭언이 뇌에 더 큰 영향을 끼쳤다.

또 폭언의 정도가 심각하면 심각할수록 횟수가 많으면 많을수록 뇌에 끼치는 영향이 컸다는 점도 특징적이었다. 청각겉질은 언어와 관련된 영역으로, 타인의 말을 이해하고 대화를 하는 등 의사소통의 결정적인 역할을 담당하는 곳이기에 이런 결과가 나온 것으로 보인다.

그렇다면 어째서 폭언으로 인한 멀트리트먼트를 받으면 청각겉질의 용적이 증가하는 것일까. 이것은 뇌의 발달 과정과 관련이 있다. 앞에서 말했듯이 유아기는 흥분을 전달하는 시냅스가 폭발적으로 늘어나는 시기로, 그 양이 성인의 1.5배나 된다고 한다. 자연히 대사가 활발해지고 에너지는 과잉 상태가 된다. 이때 뇌 속에서는 가지치기 현상이 일어난다. 나무가 잘 성장하도록 지나치게 무성해진 나뭇가지를 잘라주듯, 불필요한 시냅스를 가지치기함으로써 신경전달 효율을 높인다.

이 중요한 시기에 언어폭력에 반복적으로 노출되면 가지치기가 정상적으로 이루어지지 않는다. 그 결과 시냅스가 잡목처럼 제멋대로 뻗어 나가 용적이 늘어나는 것으로 추측된다. 실제로 청각겉질에 끼치는 영향이 현저하게 나타나는 것은 만 4~11세경에 폭언으로 인한 멀트리트먼트를 겪은 사람들이었다. 가지치기 시기와 딱 맞아떨어진다.

    뇌 발달 단계의 극 초기는 거의 유전자로 결정되지만, 이후 발달 과정에서는 환경의 영향도 받기 시작한다. 유전자와 환경이 상호작용하면서 뇌 발달이 이루어지는 것이다. 당연한 이야기지만, 발달을 해치는 환경에 놓이면 뇌는 그 영향을 고스란히 받는다.

    이처럼 뇌에서 필요한 정보를 전달하려면 시냅스를 적당히 가지치기하고 남은 시냅스를 튼튼하게 키워나가는 편이 효율적이다. 시냅스가 언제까지고 빽빽하게 자라난 채로 있으면 무슨 일이 벌어질까. 타인의 이야기를 듣거나 대화를 할 때 뇌에 과부하가 걸리게 된다. 그 탓에 심인성 난청이 발병해 정서 불안을 일으키거나 다른 사람들과의 관계 자체를 두려워하게 될 수도 있다.

IQ와 기억력에 영향을 주는 부모의 다툼

부모님의 격렬한 부부싸움을 목격하거나 아이가 보는 앞에서 남편 혹은 아내와 말다툼한 경험이 있는가. 뇌 연구가 시작되기 전에도 부모가 싸우는 모습을 자주 보고 자란 이이는 다양한 트라우마 반응을 일으키기 쉽고, 지능이나 어휘력에 영향을 받는다는 사실이 알려져 있었다.

실제로 하버드대학교 여학생들을 대상으로 실시했던 한 조사에서는 어린 시절 부모가 싸우는 모습을 보고 자란 사람들은 IQ(지능지수)와 기억력의 평균이 그렇지 않은 사람들보다 낮다는 결과가 나오기도 했다.

만 18~25세 미국인 남녀 중 아동기에 부모가 싸우는 모습을 장기간(평균 4.1년간) 목격해온 22명과 그런 경험이 없는 30명을 대상으로 뇌 겉질의 용적을 비교 분석 해보았다. 그러자 가정폭력을 목격한 그룹에서는 그렇지 않은 그룹에 비해 시각겉질(그림 2-12)의 용적이 평균 6.1퍼센트 감소한 사실이 밝혀졌다(그림 2-13).

한편 시각겉질의 혈류량은 8.1퍼센트나 증가해 있었다. 이 부위가 지나치게 민감하고 활발하게 움직이고 있다는 의미였다. 특히 만 11~13세 시기에 가정폭력을 목격한 사람은 시각겉질에 가장 큰 영향을 받는다는 결과도 나왔다.

더욱 놀라운 사실은 부모가 신체적인 폭력을 행사하며 싸우는 모습을 목격했을 때보다도 언어폭력을 주고받는 장면을 봤을 때 아이의 뇌가 더 심한 손상을 입었다는 점이다. 시각겉질의 일부인 혀이랑의 용적이 신체에 위해를 가하는 가정폭력을 목격했을 때는 3.2퍼센트 감소했지만, 폭언이 오가는 가정폭력을 목격했을 때는 19.8퍼센트 감소해 6배나 더 큰 영향을 받

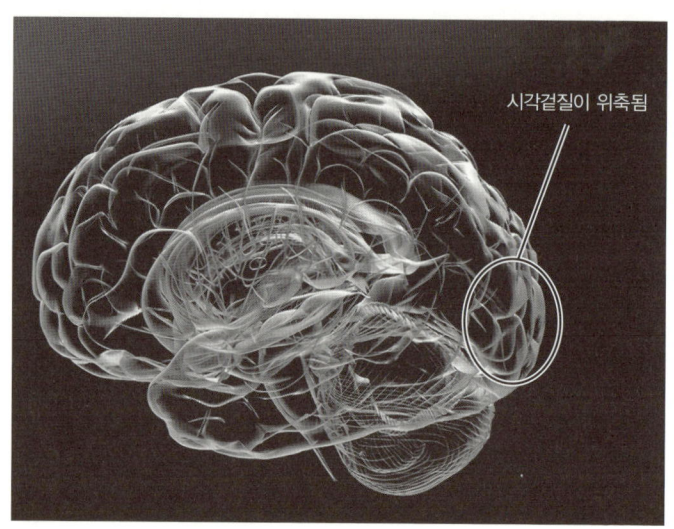

그림 2-12
가정폭력 목격이 뇌에 끼치는 영향

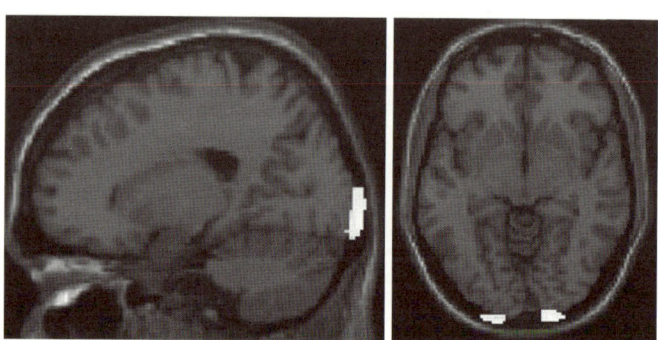

그림 2-13
시각겉질 용적(흰색 부분)이 감소한 뇌

은 것을 확인할 수 있었다.

다른 조사를 통해서도 면전 가정폭력의 부정적인 영향이 두드러지게 확인되었다. 앞에서 언급한 미국 매사추세츠주의 맥클린 병원에서 신체적·정신적 멀트리트먼트와 트라우마 반응의 연관성을 조사한 마틴 테이처 교수팀의 연구 결과에 따르면 해리 증상을 비롯한 트라우마 반응이 가장 컸던 조합이 '가정폭력 목격과 폭언으로 인한 멀트리트먼트'였다. 다시 말해, 신체적 멀트리트먼트나 방임을 겪은 사람과 비교했을 때 부모가 폭력을 행사하며 싸우는 모습을 목격하고 자신 또한 부모로부터 매정한 욕설을 듣는 등 정신적 멀트리트먼트를 받은 사람의 트라우마가 훨씬 더 심각했다.

애착 장애로 둔감해져버린 뇌

애착 장애를 앓는 아이 21명과 그렇지 않은 아이 22명에 대해서도 뇌 용적의 차이를 조사해보았다. 그러자 애착 장애를 앓는 아이는 좌반구의 일차시각겉질의 용적이 20.6퍼센트나 감소했다는 사실이 드러났다(그림 2-14). 이것이 애착 장애를 앓는 아이에게 나타나는 과도한 불안과 공포, 심신 증상, 우울감 등과 관련이 있다고 볼 수 있다.

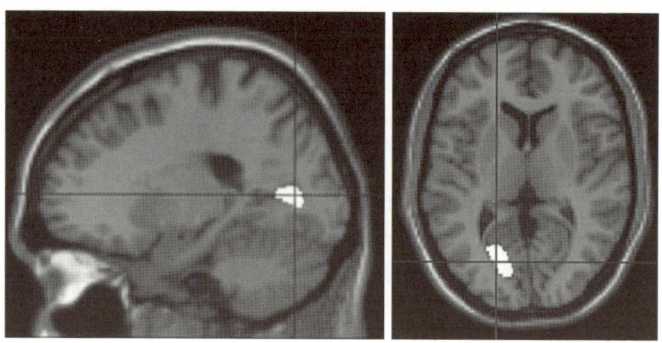

그림 2-14
용적이 감소한 좌반구 시각겉질의 일부가 하얗게 보임

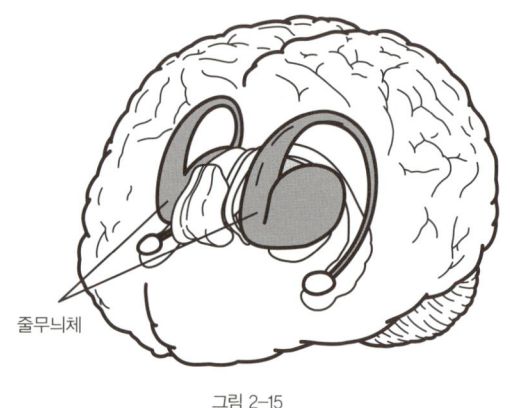

줄무늬체

그림 2-15

또 애착 장애가 있는 아이는 '보상 체계Reward System'에 대한 반응이 약하다는 사실이 최근 연구에서 밝혀졌다. 보상 체계란 욕구가 채워졌을 때 혹은 채워질 것이라는 사실을 알았을 때 활성화해 기쁨이나 쾌락을 느끼는 뇌의 시스템을 말한다. 특히 줄무늬체선조체(그림 2-15)라는 부위와 관계되어 있고, 이 부분의 활동이 약하면 보상을 얻을 수 있어도 뇌가 활성화되지 않아 기쁨이나 쾌락을 느끼기 힘들어진다.

애착 장애 아동, ADHD 아동, 건강한 아동 등 세 그룹을 대상으로 과제를 수행하면 용돈을 받는 금전 보상 과제 실험을 진행해 뇌의 반응을 fMRI로 비교 분석 해보았다. fMRI란 MRI 장치 내에서 여러 가지 과제를 수행하고, 그 과제와 관련해서 활동하는 뇌의 영역을 특정하는 기법이다. MRI 장치 내에서 영상을 보다가 화면에 점이 표시되었을 때 손가락으로 버튼을 누르는 실험을 실시한다고 해보자. 이때 fMRI에서는 피험자가 버튼을 누르는 순간 뇌의 어느 부위가 활동하는지 특정해 가시화할 수 있다.

아이들에게 카드 맞추기 게임을 하게 해, 아래와 같이 용돈의 금액이 각각 다른 세 종류의 과제를 시도해보았다.

① 카드를 맞추면 용돈을 많이 받는다(고액 보상 과제)
② 카드를 맞추면 용돈을 조금만 받는다(소액 보상 과제)
③ 카드를 맞춰도 용돈을 전혀 받지 못한다(무 보상 과제)

결과를 살펴보니 건강한 아동의 경우 보상의 여부나 금액에 상관없이 게임을 하는 내내 뇌가 활성화되었다. 즉, 어떠한 상황에도 동기부여가 잘 이루어진다고 볼 수 있다. 한편 ADHD 아동은 용돈을 많이 받을 수 있는 ①의 경우에는 뇌가 활성화되었지만, ②처럼 용돈을 적게 받는 과제 때는 반응하지 않았다. 그래도 약을 투여하는 등 어느 정도 치료를 시행하면 ②의 경우에도 뇌가 활성화되었다. 그러나 치료를 받지 않은 애착 장애 아동은 어떤 과제에서도 뇌가 활성화되지 않았다(그림 2-16). 그만큼 뇌의 반응이 둔해져 있다는 의미다. 앞에서 말한 대로, 보상 체계를 관장하는 줄무늬체의 활동이 약해진 상태였던 것이다.

줄무늬체가 활발히 기능하지 않는다는 것은 웬만한 자극으로는 쾌락을 얻을 수 없다는 사실을 의미한다. 강한 자극을 추구한 나머지 약물에 손을 대고 의존증에 빠지는 경우도 적지 않다.
멀트리트먼트를 받은 아이는 비교적 이른 시기부터 약물이나 알코올에 의존하기 쉽다는 통계도 나와 있다. 그림 2-17은 애착 장애 아동의 뇌를 해석한 것으로, 만 1세 전후 민감기에

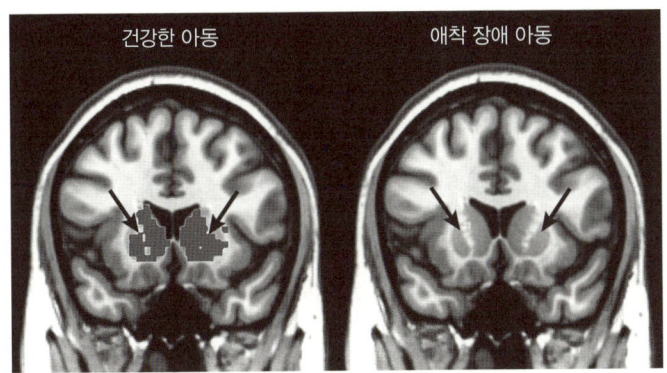

그림 2-16
화살표가 가리키는 부분은 실험을 진행했을 때의 줄무늬체. 건강한 아동에 비해 애착 장애 아동은 뇌 활동이 저하됨

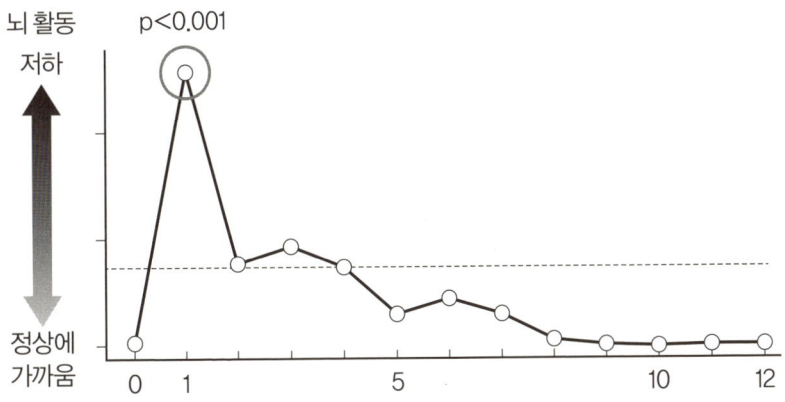

그림 2-17
멀트리트먼트 피해 연령

멀트리트먼트를 받으면 뇌 활동(줄무늬체의 활동)이 크게 저하된다는 사실을 보여준다.

애착 장애를 앓는 아이들은 자기 긍정감이 극도로 낮아진 상태이고, 야단맞으면 바짝 얼어붙어서 칭찬해도 좀처럼 받아들이지 못한다는 특징이 있다. 저하된 보상 체계의 기능을 활성화하기 위해서라도 애착 장애 아동은 건강한 아동보다 칭찬을 많이 해주어야 한다.

어쩌면 더 많은 상처가 있을지도 모른다

지금까지 각각의 멀트리트먼트가 뇌에 주는 영향에 관해 살펴보았다. 하지만 뇌는 아직도 대부분 미지의 영역으로 남아 있다. 현대과학으로도 극히 일부만 밝혀냈을 뿐이다. 바꾸어 말하면 뇌 연구는 발전 가능성이 무궁무진하고 탐구할 보람이 있는 세계라는 이야기도 된다. 특히 한창 발달 중인 아이의 뇌는 더욱더 많은 가능성을 품고 있으며, 일상생활 속에서 부모나 가족, 주변 사람들의 애정을 느끼면서 다양한 체험을 통해 학습하고 서서히 성장해나간다.

그러나 이토록 중요한 시기에 심한 스트레스를 받고 고독과 슬픔, 공포와 같은 감정을 계속해서 느낄 경우 뇌 발달 자체에 변화가 생기기 시작한다. 특히 아이가 가장 믿고 의지하는 부모나 양육자처럼 가까운 존재에게서 과도한 스트레스를 계속 받다 보면 마치 고통을 회피하기라도 하듯 뇌가 변형되어간다.

아이에게 멀트리트먼트는 스트레스 그 자체다. 당연한 이야기지만, 스트레스는 어른의 뇌에도 큰 영향을 끼친다. 그로 인해 몸과 마음에 각종 질환을 일으키는 경우도 많다. 한창 발달하는 아이의 연약한 뇌에 스트레스가 끼치는 영향은 어른보다 더 치명적일 수밖에 없다.

또한 한 종류의 멀트리트먼트를 받으면 대뇌의 시각겉질, 청각겉질과 같은 감각 겉질에서 장애를 일으키는 케이스가 많지만, 여러 종류의 멀트리트먼트를 한꺼번에 받으면 해마나 편도체에까지 심각한 영향을 끼친다는 사실이 밝혀졌다. 즉, 여러 종류의 멀트리트먼트를 받는 아이의 뇌 손상은 복잡해지고 심각해진다는 사실도 잊어서는 안 된다.

상처를 가진 채 성장하는 아이들

마틴 테이처 교수는 뇌를 102개 부위로 나누어 각 부위 간의 구조적인 연결을 조사했다. 여기에서 멀트리트먼트를 받고 자란 사람과 그렇지 않은 사람은 신경회로가 다르다는 사실이 드러

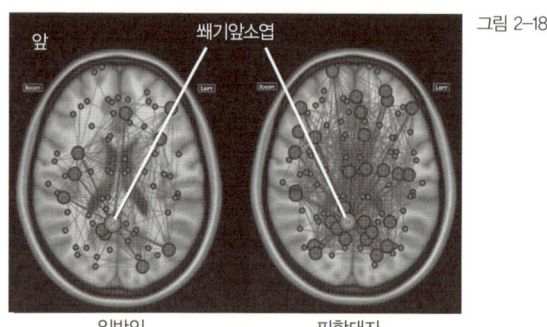

그림 2-18

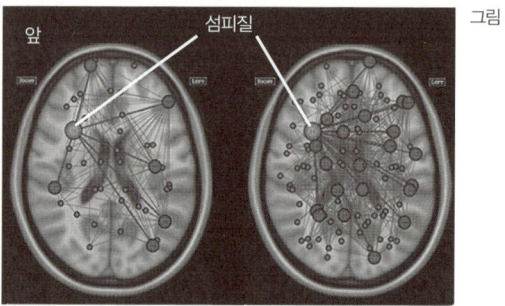

그림 2-19

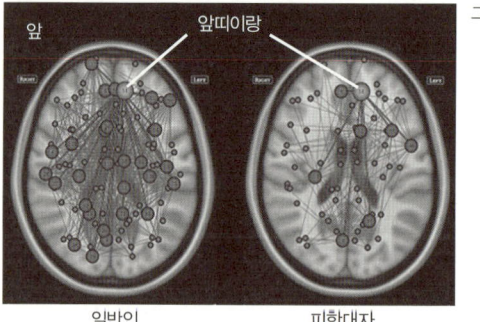

그림 2-20

*사진 마틴 테이처 교수 제공

났다.

 아동기에 멀트리트먼트를 경험하면 신경회로 전체에 구조적인 변화가 일어난다. 예를 들어 대뇌의 마루엽(그림 2-2) 내부의 약간 뒤편에 쐐기앞소엽설전부이라고 하는 부위가 있다. 신체 감각의 상기想起(분노와 불안, 무기력 등과 같은 감정적 반응 및 신체적 반응이 일어나는 현상)와 관계된 곳이라고도 하는데, 여기서 뻗어나가는 신경 네트워크는 멀트리트먼트를 받은 사람이 훨씬 더 조밀하다(그림 2-18). 위기에서 몸을 보호하기 위한 신경 네트워크가 과도하게 형성된 것으로 보인다. 또 통증과 불쾌감, 공포 등과 관계된 체험이나 음식·약물에 대한 충동과 관련이 있는 섬피질뇌섬엽의 신경 네트워크도 정상인보다 기하급수적으로 늘어나 있다(그림 2-19).

 한편 의사 결정이나 공감 등 감정 조절에 관여하는 앞띠이랑의 신경회로는 멀트리트먼트를 받지 않은 사람은 조밀했지만, 멀트리트먼트를 받은 사람은 밀도가 매우 낮았다(그림 2-20).

 우리 몸은 시각, 청각, 신체 감각 등 외부에서 오는 모든 자극을 민감하게 알아차리고 그 자극에 반응할 수 있는 기능을 갖추고 있다. 그런데 만약 아이가 살아가는 환경이 위험과 불안으로 가득 차 있고 주위에서 아무런 도움도 받을 수 없는 상황이라면 어떨까. 하물며 그 위험과 불안의 원인이 가장 의지하고 싶은 부

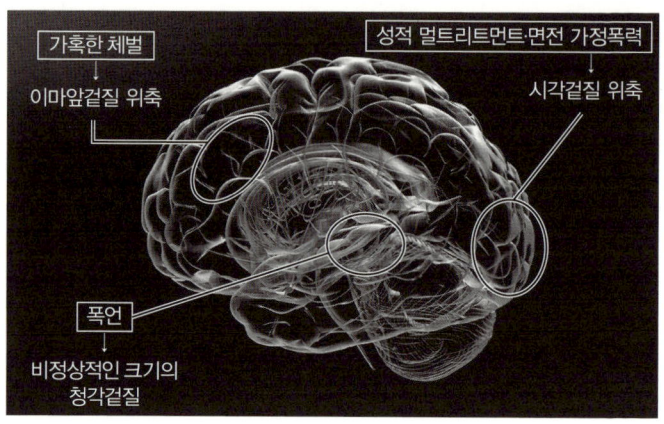

그림 2-21
멀트리트먼트가 만들어내는 뇌 손상의 종류

모나 양육자라면? 아이는 자신의 힘으로 어떻게든 해결하는 수밖에 없다. 그 결과 뇌 자체에 변형 및 변화가 일어나고 만다는 사실은 생물학적으로 보더라도 매우 설득력 있는 이야기다.

예를 들면 공포를 관장하는 편도체는 심각한 멀트리트먼트를 경험한 사람일수록 과도하게 활동하는데, 이는 늘 경계하고 위험에 대비해두려는 조치, 즉 방어 본능이라고 할 수 있다. 또 멀트리트먼트를 겪은 사람은 그렇지 않은 사람보다 더 이른 시기에 성적인 행동이 시작되는 경향도 보인다. 위험으로 가득 찬 세상에서 살아남기 위해 자손을 남기려고 하는 본능적인 적응인 것으로 추측된다.

그림 2-21은 멀트리트먼트의 종류에 따라 영향을 받는 뇌 부위를 정리한 자료다. 위기에 내몰린 인간의 생존 본능이 멀트리트먼트를 겪은 아이의 뇌를 이렇게까지 바꾸어 놓는다는 사실은 충격적이다.

한편 뇌가 이러한 변화를 일으켜도 그 영향이 드러나지 않는 사람도 있다. 인간의 기질이나 능력, 감수성, 스트레스 내성 등에는 개인차가 있어 같은 상황에 놓여도 마음 발달 면에서 중대한 문제를 일으키지 않고 결과적으로 사회에 잘 적응하는 사람도 있다.

이를테면 지금까지 설명한 연구와 조사는 모두 멀트리트먼트를 겪었지만, 일반 사회에서 지극히 평범하게 살아가고 있는 만 18~25세의 사람들을 대상으로 한 것이다. 적어도 연구와 조사를 실시한 시점에는 마음의 병이나 장애를 앓지 않고 우울증이나 외상후스트레스장애Post Traumatic Stress Disorder, PTSD 등을 진단받지 않은 상태였다. 즉, 사회에 충분히 잘 적응해서 살아가는 사람들이었다.

그러나 막상 조사를 시작해보니 겉으로는 별다른 문제가 없는 것처럼 보이는 사람들의 뇌 속에 트라우마의 상흔이 뚜렷하게 새겨져 있었다. 멀트리트먼트를 겪지 않았다면 절대 생기지 않았을 상처다. 지금은 마음의 병과 같은 정신적인 문제로 고통받는 일 없이 평범하게 일상생활을 하며 살고 있지만, 자칫 잘

못하면 심상치 않은 증상이 나타날 위험이 있는 것이다.

하지만 다행히 치료를 통해 이러한 상처를 어느 정도 아물게 할 수 있다.

다음 장에서는 상처 입은 뇌가 어떻게 회복해가는지 의료 현장에서 이루어지는 치료 방법이나 실제 회복 사례, 최근 연구 자료 등을 짚어가면서 구체적으로 검증해보자.

요약

- 태아기, 영유아기, 사춘기와 같은 민감기는 뇌가 외부 자극에 특히 취약해, 이 시기의 스트레스는 뇌 구조 자체를 바꾸어버린다.

- 스트레스 호르몬인 코르티솔이 과도하게 분비되면 해마와 전두엽 같은 뇌 영역이 손상되어 기억력, 감정조절, 자기통제가 어려워진다.

- 이러한 뇌 손상은 우울증, 섭식장애, 조울증 등 다양한 정신질환으로 나타나며, 어른이 되어서도 발현될 수 있다.

- 기쁨과 만족을 느끼는 뇌 회로가 약해지면 자극적인 쾌락을 찾아 충동적 행동이나 알코올·약물 의존으로 빠지기 쉽다.

PART 3

외상 후 성장과 아이의 회복 탄력성

: 상처 받은 아이 뇌의 치유와 회복을 위한 방법

상처를 입은 뇌는 돌이킬 수 없을까

우리는 뇌에 급성장하는 민감기라는 시기가 있어 이 기간에 과도한 멀트리트먼트를 받게 되면 통상적인 발달 과정에서는 볼 수 없는 적응이 일어나기 시작하고, 결과적으로 해당 부위나 영역이 변형되거나 기능이 바뀌어버린다는 사실을 앞에서 확인했다. 멀트리트먼트의 성질에 따라 뇌 속에서 손상을 입는 부위가 이렇게나 달라진다는 것은 연구자로서도 미처 예측하지 못했다. 언어폭력, 특히 아이를 향한 언어폭력뿐 아니라 부모가 서로에게 퍼붓는 욕설이나 위협 등도 아이의 뇌에 흔적을 남긴다는 것에 여러분도 경악을 금치 못했을 것이다.

이처럼 트라우마 경험과 그에 따른 스트레스는 아이의 뇌를 바꾸고, 전 생애에 걸쳐 마음의 병이나 여러 반사회적 행동을 초래한다고 해도 과언이 아니다. 그렇다면 이렇게 변형된 뇌는 영영 회복되지 못하는 것일까. 그리고 변형으로 인해 손상된 뇌의 기능은 복구하지 못하는 것일까.

다행히 불가능한 것은 아니다. 지금까지는 일반적으로 뇌세포는 피부나 소화기관 등의 세포와는 달리 한번 손상되면 재생이 불가능하다고 생각해왔다. 그러나 최근 뇌과학 연구에서는 뇌의 상처를 치유할 수 있다는 사례가 다수 보고되고 있다. 근래에 들어 성인의 뇌도 재생·회복이 가능하다는 주장 또한 제기되고 있다.

손상된 뇌가 회복할 수 있다는 사실을 제일 처음 증명해낸 사람은 네덜란드의 뇌과학자 플로리스 드 랑게Floris de Lange 교수다. 2008년 발표된 그의 연구 보고에 따르면 트라우마와 관련이 깊다고 알려진 만성피로증후군Chronic Fatigue Syndrome을 앓는 성인에게 인지행동 치료를 시도한 결과, 불과 9개월 만에 위축되어 있던 둘레계통대뇌변연계에 위치한 앞띠이랑의 용적이 획기적으로 회복되었다. 또 유소년기의 트라우마를 가진 사람에 대해서는 인지행동 치료와 약물 치료가 효과적이라는 사실을 알 수 있었다.

네덜란드 정신건강의학과 의사 캐슬린 토머스Kathleen Thomaes와 연구진은 인지행동 치료를 받은 사람은 편도체의 과활성이 정상으로 돌아오면서 배측 전대상피질과 배외측 이마앞겉질 그리고 해마의 기능이 활발해진다는 사실을 밝혀냈다. 미국의 정신건강의학과 의사 존 더글러스 브렘너John Douglas Bremner 교수의 연구에서는 약물 치료를 시행하자 외상후스트레스장애 환자의 해마 용적이 치료하기 전보다 증가한 사실이 확인되었다.

이처럼 성장이 거의 끝난 것처럼 보이는 어른의 뇌조차 희망이 있으므로, 하루하루 성장해 가는 아이의 뇌도 적절한 치료와 케어를 하면 당연히 회복 가능성이 커진다. 민감기의 뇌는 손상되기 쉬운 만큼 유연성 또한 뛰어나기 때문이다.

뇌는 유소년기에서 사춘기까지의 기간에 대부분 완성된다. 그렇다고 이후 성장이 전혀 이루어지지 않는 것은 아니며, 20대 후반까지 서서히 시간을 들여 완성되는 부분도 있다는 사실이 최근 연구에서 드러났다. 유소년기만큼 유연하지는 않아도 꾸준히 시간과 노력을 쏟으면 복구가 가능하다는 것이다.

이때 무엇보다 중요한 것은 조기 대응이다. 특히 아이들의 경우 적절한 치료를 시행하는 시기가 빠르면 빠를수록 뇌와 마음이 회복되는 속도가 달라진다.

1장에서 소개한, 할머니에게서 언어폭력을 계속 겪은 탓에 자폐증에 가까운 증상이 나타났던 생후 9개월 A의 사례를 떠올려보자. A가 처음 진료 센터에 왔을 때는 말을 걸어도 무표정, 무반응, 심지어 퇴행 증상까지 보였다.

그러나 A를 할머니와 격리해 시설에서 보호하면서 의사와 공중보건 간호사, 임상심리사 등 전문가들이 치료하고 케어한 결과, 불과 3주 만에 미소가 돌아왔다. 가면 같았던 A의 얼굴에 생기가 돌고 처음으로 어린아이답게 웃기 시작했다. 나를 포함한 모든 진료팀이 그 순간 느낀 기쁨과 안도감은 말로 다 표현할 수 없다. 그 후로도 아이는 예전처럼 제대로 앉고, 공중보건 간호사를 비롯한 사람들이 말을 걸면 귀를 기울이고, "물 마실래?" 같은 물음에도 고개를 끄덕였다.

아이의 트라우마는 간단히 확인할 수 있는 상흔이 아닌 만큼 무심코 지나쳐버리기 쉽다. 그리고 아이의 뇌와 마음은 어른들의 생각보다 훨씬 연약하고, 쉽게 상처 입는다. 그러나 한편으로는 조기에 적절히 치료하고 보살피면 A처럼 경이로운 회복력을 보여주기도 한다.

약물 치료와 심리 치료

이번에는 치료 방법과 케어 방법을 구체적으로 알아보자. 멀트리트먼트에 시달려온 아이를 케어하기 위한 첫 번째 원칙은 아이가 안심할 수 있는, 다시 말해 자신은 안전하다는 믿음을 심어주는 일이다. 마음 놓고 생활할 수 있는 환경이 마련되지 않으면 아무리 효과적으로 치료하고 살뜰히 케어해도 아이의 뇌와 마음에 제대로 전달되지 않는다. 멀트리트먼트를 반복해온 부모에게서 아이를 격려한다고 모든 문제가 해결되지는 않는 것이다. 때에 따라서는 보호 시설 등에서 아이가 안심하고 안전하게 생활할 수 있는 환경을 제공해줄 필요가 있다.

이와 관련해 연구자들 사이에서 널리 알려진 실험이 있다. 태어나자마자 어미 쥐와 떨어져서 스트레스에 대항하는 힘이 약해진 새끼 쥐라도 이후 안정된 양육 환경을 제공하면 스트레스 내성이 회복된다는 연구다.

인간도 마찬가지여서, 아이를 조기에 멀트리트먼트에서 구출해 양육 환경을 개선하는 일은 아이의 마음 발달을 생각할 때 굉장히 중요하다. 먼저 양육 환경을 바로잡은 후 본격적인 케어에 들어가는데, 멀트리트먼트는 뇌라는 '기관'에 영향을 주는 동시에 마음이라고 하는 '정신적인 기능'에도 영향을 주기 때문에 이 두 가지 측면을 모두 염두에 두고 치료해야 한다. 보통 양쪽 모두 약물 치료와 심리치료를 결합해 각 증상에 맞게 치료한다.

약물 치료는 만성기 치료에 효과적이지만, 질환의 조기 지원과 조기 치료―이를 '조기 개입'이라고 한다―단계에도 효과를 기대할 수 있다. 특히 치료 초기 단계에는 아이나 어른에 상관없이 치료 대상자의 안정 및 안전을 꾀하기 위해 조속한 처치가 필요할 때도 있기 때문에―이를 '위기 개입'이라고 한다―적극적으로 약물을 투여하기도 한다.

투여하는 약물에 대해서는 간단히만 언급하겠다. 트라우마 경험이 있는 아이에게는 수면 장애나 집중력 곤란, 사소한 일로 짜증 내는 증상 등이 나타난다. 여기에는 항불안제, 항정신병 치료제가 효과적이다. 우울감을 동반하는 경우에는 항우울제인 선택적 세로토닌 재흡수 억제제^{SSRI} 등을 투여한다. 이때 그 외의 다른 항우울제를 포함해서 아이의 체중에 맞추어 소량부터 신중하게 투여하는 것이 원칙이다. 항불안제로는 성인과 마찬가지로 진정 작용이 있는 벤조다이아제핀^{Benzodiazepine} 계열 약제를 이용하는데(성인 복용량의 4분의 1에서 2분의 1 정도) 약물 치료에만 의존하지 않고 심리치료와 병행하는 것이 바람직하다. 충동성이나 공황 상태 등이 심하면 비정형 항정신병 치료제를 소량부터 투여한다.

어떤 약이든 아이에게는 심리치료와 병행해야 효과가 크다고 알려져 있다. 심리치료는 크게 '트라우마에 대한 심리치료'와 '애착에 대한 심리치료'로 나뉜다. 둘 다 의사의 지시에 따라 임상 심리와 같은 전문적인 기술을 갖춘 조력자와 협력해서 이루어진다. 애착에 관한 심리치료는 4장에서 자세하게 설명할 것이므로, 이번 장에서는 트라우마에 관한 심리치료에 대해서 알아보자.

아이의 마음을 지탱해주는 지지적 정신 치료

과도한 멀트리트먼트를 계속 겪어온 아이는 극심한 트라우마에 시달리는 경우가 많으므로, 이 트라우마에서 벗어나게 하는 일이 심리치료의 가장 중요한 목표다. 심리치료 과정은 다음과 같은 단계를 밟는다.

- 정서적인 안정을 찾는다
- 트라우마의 기억과 그에 대한 반응(감정)이라는 일련의 악순환을 끊어낸다
- 트라우마가 된 과거의 사건을 객관적으로 받아들인다
- 안전하고 건강한 사회관계, 대인 관계를 맺는다
- 회복에 도움 되는 정서 체험(마음을 평온하게 유지할 수 있는 체험)을 계속 쌓아나간다

이번에는 구체적인 치료 방법을 살펴보자. 트라우마를 앓는 아이에게서 자주 보이는 증상 중 하나로 공황 상태가 있다. 일상생활을 하던 중 갑자기 불안한 기분에 휩싸여 날뛰거나, 울부짖거나, 물건을 집어 던지는 행동을 하는 것이다. 충격적인 경험으로 심각한 트라우마가 생기면 본인의 의사와는 상관없이 돌연 그 기억이 선명하게 되살아나기도 하는데, 이를 플래시백Flashback

이라고 한다. 플래시백을 계기로 공황 상태에 빠지는 사례는 매우 흔하다(그림 3-1). 아무런 전조도 없이 느닷없이 시작되기 때문에 주변 사람들도 예측하기 어렵다. 발작과 같다고 생각하면 된다.

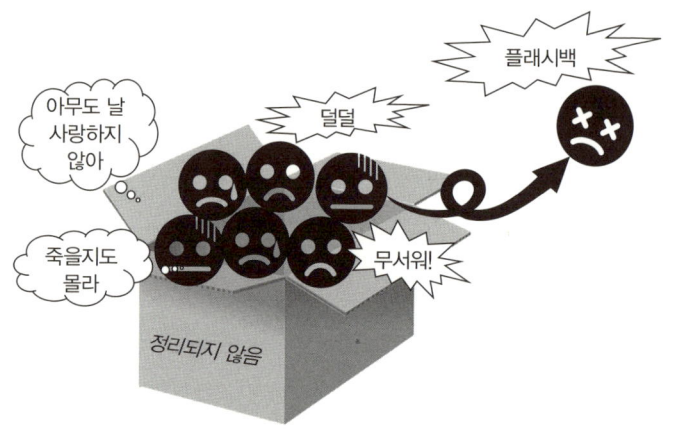

그림 3-1
플래시백을 일으키는 원인으로 작용하는 트라우마 기억

아이가 '죽을지도 모른다'라는 생각이 들 정도로 공포심을 느꼈던 사건이나 사랑하는 부모에게서 계속해서 무시당했던 일 등은 되도록 마주하고 싶지 않은 기억이다. 이때 사람은 누구나 본능적으로 기억을 은폐하거나 부정하려고 한다. 그렇게 함으로써 적어도 일시적으로는 안심할 수 있기 때문이다.

그러나 아이는 과거의 충격적인 경험을 능숙하게 감추지 못한다. 비록 현재는 멀트리트먼트 피해에서 벗어나 새로운 환경에서 평온하게 일상생활을 하고 있지만, 대수롭지 않은 사소한 일에도 억눌려 있던 기억이 되살아나고 만다. 억지로 묻어놓았던 기억이 한꺼번에 튀어나올 때는 무시무시한 파괴력을 동반한다. 공황 상태가 되면서 그것이 행동으로 나타나는 것이다.

트라우마를 안고 있는 아이는 자신의 마음이 '비정상적'이라고 느끼거나 타인과 비교해서 '나는 어딘가 이상하다'라고 생각하는 경향이 있다. 피해자인데도 자기 긍정감이 발달하지 않아 무슨 일이든 자책하는 쪽으로 감정이 기울어버리는 것이다. 또 주위의 도움을 거부하는 데에서 자신의 존재 이유를 찾아내려고 하는 아이도 있다.

이때 조력자는 애초에 아이에게 그러한 기분을 느끼게 해서는 안 되며, 계속해서 아이를 격려해나가야 한다. 우선 신뢰 관계의 기초를 단단히 쌓는 일부터 시작한다. '나는 너를 아주 소중하게 생각해. 네 이야기에 진지하게 귀를 기울이고 싶어'라는 메시지를 아이에게 전하고, 상담 등을 통해 아이와 만나는 시간을 늘려간다.

아이에 대해 구체적인 평가를 할 때는 아이에게 어떤 특성이 있는지, 발달 장애와 같은 요소는 없는지 등을 꼼꼼히 조사한다. 가정환경에 관해서는 가족 수나 구성원뿐 아니라 어떤 집에 살고 있는지, 동거하는 조부모나 친척은 있는지, 집안 분위기나 습관, 문화적인 경향은 어떤지 등에 대해서도 조금씩 대화를 나누면서 아이가 집이나 학교, 타인과의 관계 속에서 어떤 체험을 해왔는지 등에 관한 정보를 자세히 수집해나간다.

그리고 아이 스스로가 지금까지 겪어온 고통스럽고 참담한 사건에 대해 이야기할 마음의 준비가 될 때까지 조용히 기다린다. 이야기를 털어놓기 시작하면 아이가 진심으로 받아들일 때까지 "너는 결코 나쁜 애가 아니야. 네 잘못이 아니니까 자책할 필요 없어"하고 몇 번이고 반복해서 이야기한다. '앞으로도 계속해서 너를 지지하고 지켜봐 줄 거야'라는 의지를 태도로 보여주어야 한다.

이렇게 아이의 마음을 풀어주고 '내가 나쁜 게 아니야'라는 사실을 깨닫게 함으로써(인지 왜곡을 제거하는 심리 교육 시행) 정신적으로 서서히 자립해나가도록 이끌어주는 치료를 '지지적 정신 치료'라고 부른다.

기억에 새 의미를 부여하는 노출 치료

앞에서 설명했듯이, 아이가 공황 상태에 빠지는 요인 중 하나는 과거의 경험이 자신의 마음속에서 제대로 정리되어 있지 않아서다. 이때는 일단 그 멀트리트먼트 경험을 아이 스스로 말로 표현하도록 도와주는 일이 중요하다. 원인이 된 기억을 밖으로 토해내는 일이 마음의 상처를 치유하고 회복하는 것을 향한 첫걸음이기 때문이다.

그러나 끔찍한 경험을 자세하게 이야기하기란 그리 쉬운 일이 아니다. 잊고 싶은 기억을 떠올려서 이야기하도록 유도하는 일이므로 주변 조력자에게도 그에 상응하는 인내심이 요구된다. 처음에는 침묵으로 일관하던 아이도 이윽고 한 마디씩 이야기를 털어놓기 시작하는 때가 온다. 그때는 아이의 말을 자르지 않고 가만히 들어주어야 한다. 억지로 이야기를 캐물으려고 하면 지금까지 쌓아 올린 신뢰 관계가 무너질 수 있으므로 주의해야 한다.

이때 잊지 말아야 할 점은 기억을 끄집어내 정리하는 일은 어디까지나 아이 스스로 해야 한다는 사실이다. 조력자는 아이의 노력을 곁에서 지지하면서 인정하고 격려하는 사람이자 아이가 스스로 문제를 해결하기 위한 '계기'와도 같은 존재다. 아이는 멀트리트먼트를 받았을 때의 기억과 감정에 관해서 자신의 언어로 풀어내면서 스스로 정리해나간다.

그다음에는 정리된 멀트리트먼트 경험에 어떤 의미를 부여해나갈 것인가 하는 단계로 옮겨간다. 자신에게 일어난 끔찍한 경험은 지울 수 없는 '사실'이지만, 그 사실을 바라보는 '시각'은 절대 하나가 아니라는 점을 알려준다.

생각하기에 따라서 과거의 경험을 바라보는 시각을 얼마든지 바꿀 수 있다는 사실을 깨달은 아이는 '내게 일어난 일은 이런 일이었구나' '내 잘못이 아니었어' 하고 객관적으로, 혹은 긍정적으로 인식을 수정해나간다. 이러한 작업이 가능해지는 것이야말로 트라우마에 대한 심리치료의 최종 목표다.

엄마에게 가혹한 체벌을 받아왔다고 자신의 경험을 털어놓기 시작한 B(만 9세)의 사례를 살펴보자. B는 엄마로부터 자주 심하게 맞은 일에 대해 처음에는 "엄마는 내가 나쁜 짓을 해서 날 가르치려고 때렸을 뿐"이라고 이야기했다. 그렇게 생각함으로써 자신이 사랑하는 엄마에게 체벌을 받았을 때 느낀 괴로움과 충격을 억지로 억눌러온 것이다.

그러나 그러한 억압 탓에 엄마와 격리되어 아동상담소의 보호 시설에서 지내게 된 후에도 종종 공황 상태가 되거나 친구에게 난폭하게 구는 일이 일어났다. 겨우 괴로운 마음을 털어놓은 B에게 조력자는 멀트리트먼트를 받은 사실을 객관적으로 돌아볼 수 있도록 대화를 유도해나갔다.

"하지만 B도 B 나름대로 많이 노력했잖아. 정말 그건 네가 나빠서였을까?"

"어쩌면 엄마도 널 위한 마음이 앞선 나머지 그런 행동을 했을 수도 있어. 아마 후회하고 있을지도 몰라."

이러한 대화를 반복해서 주고받음에 따라 차츰 B에게 변화가 일어나기 시작했다. 공황 상태가 찾아오는 횟수가 줄고, 친구에게 난폭한 행동을 하는 일도 사라졌다. 트라우마가 지금까지와는 다른 형태로 기록되기 시작한 것이다. 물론 기억은 여전히 남아 있지만, 이제는 그것이 예전처럼 공포와 슬픔 같은 심각한 감정을 불러오지 않게 되었다고 볼 수 있다.

일본에서 임상 심리학 전문으로 유명한 야마나시현립대학교의 니시자와 사토루西澤哲 교수는 이러한 해석의 변경을 저서 『아동학대子ども虐待』에서 "'경험에 대한 의미 부여'를 변화시킨다"라고 표현했다. 이렇게 트라우마의 기억과 감정을 정리하고 긍정적인 형태로 바라볼 수 있게 도와주는 치료를 '지속 노출 치료'라고 한다.

아이는 전문가의 도움 속에서 괴로운 과거를 돌아보고 재정의하면서 새롭게 자부심을 키워나간다. 과거를 어떻게 바라볼 것인가 하는 문제는 아이뿐 아니라 우리 인간이 앞으로 어떻게 살아갈 것인가와 직결되는 중요한 요소다. 아이가 스스로 이러한 깨달음을 얻을 때까지, 조력자는 끈기 있게 격려해나가야 한다.

트라우마를 극복하는 놀이 치료

오스트리아의 정신의학자 지그문트 프로이트 Sigmund Freud (1856

~1939)가 '포르트-다Fort-Da'라고 이름 붙인 놀이도 아이의 마음을 이해하는 데 있어 굉장히 흥미로운 분석 자료다.

프로이트는 어린 손주가 자기 엄마가 자리를 비운 사이에 혼자 노는 모습을 관찰했다. 아이는 실패를 집어 던지면서 "Fort, fort(없어, 없어)" 하고 외치고, "Da(있다)" 하고 말하면서 실패를 끌어당기는 놀이를 계속 반복했다. 이 광경을 보고 프로이트는 엄마의 부재를 수동적으로 받아들였던 유아가 엄마를 실패에 비유해서 놀이함으로써, 즉 실패를 던져서 엄마를 내쫓았다가 실패를 끌어당겨서 다시 불러들임으로써 엄마와 재회하는 기쁨을 되풀이하고 있다고 분석했다.

언어를 자유롭게 구사할 수 없는 유아는 이렇게 고통이 따르는 체험을 놀이와 같은 행위 속에서 상징적으로 표현하는 경우가 있다. 놀이는 트라우마와 고통을 표현하고, 그것을 해방하기 위한 도구로 매우 효과적이기 때문이다.

실제로 대화로 마음을 끌어내기 어려운 아이가 종종 있다. 아직 말을 제대로 못 하는 아이뿐 아니라 멀트리트먼트 피해를 겪은 탓에 부모와 헤어져 보호 시설에서 생활한 지 얼마 되지 않은 아이는 주위에 마음을 터놓기 싫어해서 좀처럼 입을 열지 않는다. 그러한 경우에는 '놀이 치료Play Psychotherapy'가 효과적이라는 보고가 나우 말표된 바 있다. 외상 후 놀이 치료Post-Traumatic Play Therapy도 그중 하나로, 특히 아이들의 트라우마를 제거하기 위한 치료다.

가혹한 멀트리트먼트를 계속해서 받아온 아이에게 전문적인 훈련을 받은 임상심리사가 인형이나 손인형을 이용해 말을 걸거나 소꿉놀이 같은 방법으로 어울리면서 그 속에서 트라우마 경험을 재현한다. 그리고 트라우마 경험을 그림으로 표현하게 하는 등 다른 놀이로 발전시켜, 멀트리트먼트 경험에 수반되는 격렬한 감정을 서서히 해방해나간다.

여기서 말하는 '놀이'는 장난감을 이용한 것만을 의미하지 않는다. 창문 근처에 있는 작은 벌레를 가만히 바라보는 아이에게 다가가서 함께 벌레 관찰을 하는 것도 놀이에 해당한다. 같은 것을 함께 바라보는 자세 Joint Attention(공동주의)는 놀이치료의 핵

그림 3-2
모래놀이치료에 몰두한 아이

심이므로, 놀이를 통해 아이와 공통된 경험을 쌓아가는 일은 치료를 진행하는 데 매우 중요한 발판이 된다.

그 밖에 그림이나 모래를 이용한 놀이 치료(표현 치료)도 있다. 모래놀이치료(그림 3-2)는 트라우마 치료에 폭넓게 이용되는 기법으로, 모래를 담은 상자 안에 미니어처 장난감을 늘어놓고 자유롭게 무언가를 표현해나가도록 한다.

이 치료에서 아이와 함께하는 임상심리사는 완성된 작품만 보지 않고, 작품을 만들어가는 과정을 가까이서 면밀하게 관찰하면서 의미를 찾아나간다. 모래로 만들어내는 세계와 그 제작 과정을 통해 아이가 언어로 표현하지 못하는 자신을 둘러싼 환경이나 과거의 멀트리트먼트 경험을 스스로 이해해나가도록 만드는 접근 방법이다.

작품에는 제작자의 내적 세계가 투영되기 때문에 그것을 관찰하고 분석함으로써 아이를 한층 깊이 이해할 수 있고, 아이가 자유롭게 표현할 수 있으므로 아이의 자기 치유력이 활성화되는 효과도 있다.

마음에 그늘이 있는 아이가 표현하는 모래 세계는 각양각색이다. 미니어처 동물을 마치 죽은 것처럼 눕혀놓거나 집을 거꾸로 뒤집어놓는 아이도 있다. 가족 중 한 사람의 팔을 쥐어뜯는 경우도 있다.

이때 특히 눈여겨봐야 할 점은 말로 표현할 수 없는 이미지나 감각을 표현하는 방법이다. 동시에 작품의 전체적인 구성이나 공간을 이용하는 방법, 물건을 배치하는 방법 등 아이가 표현하려고 하는 것을 부정하거나 이의 제기를 하지 말고 있는 그대로 받아들이고 의미를 곱씹는 자세가 필요하다. 때문에 아이와 제작 현장을 공유하는 일이 굉장히 중요한 의미를 가진 치료다.

또 아이가 장난감을 일부러 벽에 던지거나 바닥에 떨어뜨리고 혹은 벌레의 다리를 잡아 뜯는 등 통상적인 놀이와는 명백하게 다른 성질을 지닌, 이른바 폭력적인 놀이를 반복해서 할 때, 자신이 겪은 멀트리트먼트 경험을 재생하고 있다고 해석할 수 있다. 아이가 그런 놀이를 할 때 조력자가 억지로 그만두게 하면 역효과를 불러오므로 조력자는 그저 조용히 지켜봐주어야 한다.

이러한 놀이가 갖는 효과는 아이뿐 아니라 성인에게도 적용된다는 사실이 최근 임상 현장에서 입증되기도 했다.

트라우마 해결을 위한 새로운 치료법

아이의 트라우마를 해결할 기법으로 외상-초점 인지행동 치료

TF-CBT나 안구운동 민감소실 및 재처리 요법Eye Movement Desensitization and Reprocessing, EMDR도 효과가 있는 것으로 밝혀졌다.

외상-초점 인지행동 치료는 멀트리트먼트의 원인에 직접 관여하지 않은 양육자도 치료 대상으로 삼아 아이의 치료와 부모의 치료를 함께 진행한다. 인지치료와 점진적 근육 이완법으로 과거의 끔찍한 경험과 마주하고, 불안감을 천천히 제거해가는 '단계적 노출'이라는 방법을 쓰기 때문에 일반적으로 8~16주일의 기간이 필요하다.

미국에서는 이 안구운동 민감소실 및 재처리 요법의 효과를 확인했다고 인정하는 논문도 여러 개 나와 있으며, 가장 효과적

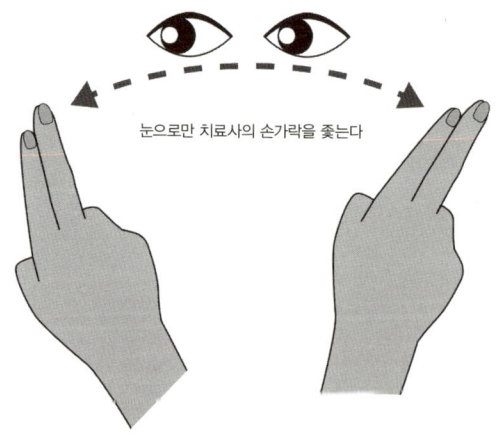

그림 3-3
안구운동 민감소실 재처리 요법의 방식

인 치료법으로서 주목받고 있다. 그러나 이 치료법을 환자에게 시행하는 임상의의 경우 의무적으로 전문 지도자에게서 훈련을 받고 정기적으로 연수를 받아야 하므로, 현실적으로 시행 가능한 인력이 한정되어 있어 모든 병원에서 이 치료를 받을 수 있는 것은 아니다.

안구운동 민감소실 및 재처리 요법은 트라우마에 대한 비교적 새로운 심리치료로, 1987년 미국의 심리학자 프랜신 샤피로 Francine Shapiro 박사가 개발했다. 아이뿐 아니라 모든 연령에 폭넓게 적용할 수 있으며, 치료 과정은 엄밀하게는 8단계로 나누어져 있다. 그중에서도 가장 큰 특징은 다음과 같은 접근 방법이다.

먼저 치료사가 대상자 앞에서 손가락을 좌우로 흔들고, 대상자는 그 손가락의 움직임을 눈으로 좇아간다(그림 3-3). 그러면 뇌는 렘수면 상태에 가까워지기 시작한다. 렘수면이란 얕은 잠을 말하는데, 기억을 정리하는 기능이 있어 대상자를 반쯤 잠든 상태로 이끎과 동시에 대상자가 과거에 겪었던 끔찍한 멀트리트먼트 경험을 떠올리게 한다.

인간의 마음은 괴로운 기억이라도 언젠가는 냉정하게 떠올릴 수 있도록 하는 시스템을 갖추고 있다. 그러나 그렇게 되기까지는 일반적으로 몇 년 이상의 긴 세월이 필요하다. 안구운동 민감소실 및 재처리 요법은 몇 년이나 걸리는 마음의 회복을 단시간에 이루어낸다는 점에서 굉장히 획기적이다. 즉, 아직 생생한 기억이나 감정을 렘수면 상태에 빠진 뇌 속에서 마치 먼 과거의 기억인 것처럼 착각하게 한 후, 그것을 언어화해서 정리함으로써 평범한 기억으로 바꿔가는 것이다. 앞에서 설명한 노출 치료처럼 끔찍한 경험을 말로 자세하게 이야기해나가는 방법과 비교하면 비교적 스트레스가 적은 치료 방법이다.

세계보건기구WHO에서는 안구운동 민감소실 및 재처리 요법을 환자에게 가장 부담이 적은 치료법으로 장려하고 있지만, 연령이 낮은 아이는 끔찍한 기억을 언어화하는 일이 힘드므로 확실한 효과가 아직 입증되지 않았다. 그래서 특히 아이들을 대상으로 이를 응용한 기법이 '버터플라이 허그Butterfly Hug'다.

먼저 해소하고 싶은 과거의 끔찍한 멀트리트먼트 경험을 의식적으로 떠올리면서 양팔을 X자로 교차한 뒤, 양어깨에 두 손을 올리고 약 20초간 양 손바닥으로 자기 자신의 어깨를 번갈아가며 토닥인다. 이때 양팔을 교차한 모습이 마치 나비처럼 보인다고 해서 버터플라이 허그라는 이름이 붙었다. 그런 다음 심호흡을 하고 자신의 감정에 어떤 변화가 일어났는지 치료사와 대화를 나눈다.

버터플라이 허그 기법은 매우 간단하지만 일정한 효과가 있어 시간을 들여 계속해나가면 아이가 과거의 경험을 담담한 기분으로 돌아볼 수 있게 된다.

여기까지 다양한 심리치료 방법을 소개했다. 멀트리트먼트를 계속해서 겪어온 아이에 대한 개입은 인지치료가 중요한 열쇠를 쥐고 있다. 괴로운 경험에서 비롯된 자기부정에 대해 전문가가 도움을 주고 그것을 본인이 재정리함으로써 '그건 내 잘못이 아니야'라는 재인지와 '나는 가치 있는 인간이다'라는 자기긍정이 가능하도록 심리적으로 지도해나간다. 이것이 치료로서 큰 의미를 지닌다.

나를 비롯해 의료업에 종사하는 사람이 개입할 수 있는 상황은 그렇게 많지 않다. 그러나 오랜 시간 몸을 맞대고 함께 지내온 부모와는 또 다른, 객관적인 시선으로 아이를 바라보고 숨은 장점을 찾아낼 수 있다는 강점이 있다. 그러니 만약 아이의 마음 문제로 고민하고 있다면 꼭 전문가에게 상담을 받아보기 바란다. 조기 개입이 무엇보다 중요하다.

아이의 회복력을 키워주기 위해

앞서 이야기한 것처럼, 마음의 회복을 돕기 위해서는 시간을 충분히 들여 치료하는 일이 매우 중요하다. 지금까지 설명한 치료 방법을 시행할 때는 2~3주일 정도를 1세트로 해서 단계마다 소목표를 정해, 아이를 조금씩 회복의 길로 이끌면서 계속 지켜보게 된다.

앞에서 심리치료는 트라우마 해소가 목적이라고 말했지만, 이것이 트라우마 경험을 기억에서 지워버린다는 의미가 아니라는 사실을 거듭 강조하고 싶다. 이는 아이 스스로 트라우마를 극복하는 힘을 익히도록 지원해나가는 일이자 아이가 본래 지닌 힘(회복력, 문제해결 능력 등)을 끌어낼 수 있게 격려하고 돕는 작업이다.

일본 사람들이 자주 사용하는 말 중 '레질리언스^{Resilience}'라는 말이 있다. 레질리언스의 사전적 의미는 '탄력' '탄성' '반동' '회복력' '다시 일어서는 힘'이다. 미디어에서는 '꺾이지 않는 마음'이라는 뉘앙스로 쓰이는 경우가 많은 것 같다.

정신의학 분야에서 레질리언스란 심각한 트라우마를 경험하거나 만성적인 스트레스 환경 속에 계속 노출되는 등 힘든 상황에 놓여도 잘 적응하는 능력, 혹은 그 과정이나 결과를 말한다. 그래서 '정신적 탄력성' '정신적 회복력'으로도 불린다.

실제로 멀트리트먼트를 경험한 모든 아이가 사회에 잘 적응하지 못하거나 마음의 병을 앓는 것은 아니다. 멀트리트먼트를 겪어도 발달 단계에서 이렇다 할 문제나 별다른 어려움 없이 성장해가는 아이도 있다. 이런 아이들은 레질리언스가 높다고 할 수 있다.

종래의 트라우마 연구는 대부분 정신 증상이나 질환을 일으킨 사람들에게 초점을 맞추어왔다. 열악한 환경을 극복하고 사회에 적응해나간 사람들은 연구 대상으로 삼지 않았다. 그러나 근래에 들어 이런 사람들에게도 주목해 레질리언스를 높이는 요인을 알아보는 연구 조사가 진행되고 있다. 이 연구 조사에 따르면 레질리언스가 높은 아이는 하나같이 일종의 '보호 요인Protective Factors'을 가지고 있다고 한다.

교육사회학자로 알려진 영국의 존 바이너John Bynner 교수는 보호 요인을 아이가 끔찍한 사건을 떨쳐내는 데 도움이 되는 다양한 '자원'이라고 정의한다.

이 보호 요인은 여러 종류로 나뉘는데, 우선 '개인적 특성'으로는 높은 지능, 자기 긍정감, 밝은 기질 등이 있고 '가족적 특성'으로는 따뜻한 집안 분위기, 연대감, 부모의 적극성 등이 있다. 그리고 '지역적 특성'으로는 사회적 네트워크의 충실성 등이 있다. 이러한 요소들은 한창 발달 중인 아이의 유연한 뇌와 마음을 보호하는 역할을 맡고 있으며, 교육이나 사회, 경제 등 인생의 다양한 측면에도 영향을 미친다고 알려져 있다.

레질리언스는 마음의 병에 대한 치료와 개입, 예방에 도움이 될 것으로 기대되는 연구 분야 중 하나다. 레질리언스가 높은 아이를 연구하고 이해함으로써 정신적인 문제를 일으키기 쉬운 아이의 레질리언스도 높일 수 있지 않을까.

상처를 극복하고 성장하는 아이들

지금까지 과도한 멀트리트먼트를 겪고 뇌에 손상을 입은 아이들을 대상으로 이루어지는 다양한 치료법과 케어에 관해 살펴보았다. 다시 말하지만, 적절한 치료를 했다고 해서 아이들의 마음에 새겨진 상처가 완전히 지워지는 것은 아니다. 트라우마의 기억은 마음속에 계속 남아 있고, 성장해가는 여러 발달 단계에서 아이는 과거를 돌아보고 그 의미를 지금까지와는 다른 시각으로 파악할 것이다.

그러나 자신이 안심할 수 있는 곳을 한 번이라도 확보하고 전문가의 도움을 받으며 과거를 새로운 관점으로 바라볼 수 있었다는 경험은 상처를 극복하고 회복하는 과정에서 비교할 수 없이 큰 힘이 된다. 트라우마와 어떻게 마주하고 어떻게 극복해나가면 좋을지를, 즉 문제를 바라보는 관점은 하나만 있는 것이 아니라는 사실을 배워놓으면 그에 대한 대처 방법도 달라지기 때문이다.

결코 쉽지는 않겠지만, 트라우마의 경험을 긍정적으로 바꾸어 생각할 수 있게 되면 자기 긍정감은 자연히 안정을 찾고 서서히 회복되기 시작한다. 강렬한 트라우마를 경험한 후 이러한 성장 과정을 이루어내는 것을 '외상후 성장Post-Traumatic Growth'이라고 한다.

아이가 이 단계까지 성장하도록 시간을 들여 세심하게 지도해나가는 일이야말로 트라우마로 괴로워하는 아이를 치료하고 케어하는 의료진과 조력자의 사명이라고 할 수 있겠다.

케이스 스터디 ❶

가정폭력 목격으로 인한
심리적 멀트리트먼트

아이가 보는 앞에서 엄마에게 반복해서 폭력을 행사하는 아빠

C의 엄마는 임신했을 때부터 이미 남편에게 폭행을 당했다. C가 태어난 후에도 아빠는 C가 보는 앞에서 엄마에게 소리를 지르고 비난하는 행위를 계속했다.

    C는 낮에 소변을 실수하거나 밤중에 잠이 깨서 무섭다며 울음을 터트리는 증상을 자주 보였다. 또 커가면서 차츰 자기 생각대로 되지 않는 일이 있으면 아빠처럼 심한 말로 화를 내기 시작했다.

    화가 난 C의 표정과 말투가 너무나도 아빠를 빼닮아가자 엄마는 '아이가 소리 지르며 화를 낼 때마다 나한테 큰소리로 욕설을 퍼붓던 남편이 떠오른다. 이대로 있다가는 딸아이까지 미워져서 내가 무슨 짓을 저지를지 모르겠다'라는 위기감에 사로잡혀 진료 센터를 찾았다. 사실 C의 엄마도 어린 시절 아버지에게 심한 체벌을 반복적으로 받은 경험이 있었기 때문에, 그때 느낀 공포를 또다시 겪어야 하는 지금의 생활은 너무나 견디기 힘들어 한계에 내몰린 상태였다.

아빠와 떨어진 후에도 되살아나는 끔찍한 기억

2장에서도 소개했듯이 폭언에 의한 가정폭력은 아이의 발달에 지대한 영향을 끼친다. 자신을 향한 폭력이 아니더라도 가정폭력을 목격하는 자체만으로도 스트레스 호르몬이 분비되어 뇌 신경 발달에 지장을 불러온다. C의 상처 입은 마음을 케어하기 위해서라도 한시라도 빨리 멀트리트먼트의 상황에서 구출해 안심하고 생활할 수 있는 환경을 마련해줄 필요가 있었다.

 C는 엄마와 함께 정기적으로 병원에 다니기 시작했다. C에게는 계속해서 장난감을 이용한 심리 치료를 하고, 엄마에게도 안구운동 민감소실 및 재처리 요법을 비롯한 트라우마 치료를 시행했다. 그 결과, C의 증상은 조금씩 개선되어 밤중에 무서워서 울음을 터트리는 일은 사라졌고 감정 기복도 잦아들기 시작했다.

 현재 C의 부모는 별거 상태로, 이혼 조정에 들어갔다. 부부가 헤어지면 가정폭력 문제는 해결되지만, C의 발달을 저해하는 불안 요소가 완전히 제거되는 것은 아니다. 가령 가정폭력을 행사했던 아빠와 따로 지낸다고 해도 가정폭력을 목격한 기억이 플래시백을 일으키기 때문에, C에게 이제는 안전하다는 사실을 꾸준히 이해시키고 안심하고 생활할 수 있도록 살뜰하게 보살펴주는 일이 중요하다.

부부 간의 가정폭력 문제에서 부부가 헤어지면 자연히 가정폭력의 원인도 사라지는 셈이니 가해 부모와 아이가 같이 살거나 만나게 해도 괜찮지 않을까 생각하는 사람도 있는데, 그것은 섣부른 판단이다. 배우자에게 가정폭력을 행사한 사람은 아이한테도 멀트리트먼트를 하는 경향이 강해, 폭력을 가하는 대상이 배우자에게서 아이로 옮겨갈 가능성이 높다.

아이에게 멀트리트먼트를 하지 않는다고 해도 가해자 부모와 함께하는 생활이나 면회 자체가 아이의 새로운 스트레스가 될 가능성이 있다. 앞에서 말한 플래시백을 일으킬 가능성도 커지고, 다시 신체적·심리적 불안감에 휩싸여 뇌 발달도 정상적으로 이루어지지 않을 수 있다는 점을 간과해서는 안 된다. 또 가해 부모와 만나는 일은 피해 부모가 정신적으로 불안정해질 뿐 아니라 아이도 그 영향을 받을 우려가 있으므로 주의가 필요하다.

부모 역시 치료와 케어가 필요하다

어린 시절은 뇌가 폭발적으로 성장하는 시기니만큼, 이때 계속해서 겪은 멀트리트먼트는 뇌에 특히 중대한 손상을 입히고 장기간에 걸쳐 피해자의 삶을 위협한다. 다행히 현재 심각한 증상은 보이지 않지만, C 역시 장기적인 치료와 지원을 꾸준히 병행해나가야 하는 경우다.

부모를 케어한다는 관점에서는 멀트리트먼트 가정의 정보를 많은 사회복지 관련 기관이나 각 지역 상담 센터 등과도 폭넓게 공유해 양육자를 지원해나가는 시스템 마련이 매우 중요하다. C의 어머니처럼 부모 역시 부적절한 양육 환경 속에서 필사적으로 살아남은 또 다른 멀트리트먼트 피해자일 가능성도 있기 때문이다. 조력자는 이러한 부모에 대해 '어렸을 적 과거'에서 '부모가 된 현재'에 이르기까지의 경위, 즉 피해자에서 가해자로 바뀔 수밖에 없었던 과정과 현재 마음 상태에 관한 심층적인 이해가 필요하다.

이처럼 부모가 처한 상황도 함께 개선하고, 필요하다면 치료를 시행하는 등 양육자를 지원하는 일은 결과적으로 아이의 건강한 성장과 발달로 이어진다.

케이스 스터디 ❷

엄마의 육아 방임과
심리적 멀트리트먼트

> 아이들을 향한 엄마의 스트레스

회사원인 아빠는 매일 아침 일찍 출근해 밤늦게 퇴근하고 휴일에도 출근하는 경우가 많아, 아르바이트하는 엄마 혼자서 육아와 가사를 떠맡고 있다. 그런 가정환경 속에서 D와 E는 유아기부터 현재에 이르기까지 계속 엄마에게서 매정한 말이나 태도로 인한 멀트리트먼트를 받고 있었다. 가족은 아파트에 사는데, 등교 시간이 되면 엄마가 고함치는 소리와 물건을 던지거나 쓰러지는 소리가 나서 이웃들이 종종 경찰에 신고한 적도 있다고 한다.

그날 아침, D는 1교시 무렵 초등학교에 등교했다. 동생 E는 평소대로 등교했고 형제 둘 다 외상은 보이지 않았지만, 담임선생님이 D에게 자세히 물어보자 엄마에게 심하게 혼나느라 지각했다는 대답이 돌아왔다. 알레르기 비염으로 코피가 나서 바닥에 흘리고 말았는데 그것을 깨끗이 닦지 않았다는 이유에서였다고 한다. D의 엄마는 전문 병원에서 진료를 받는 것이 어떻겠느냐는 담임선생님의 권유로 아이와 함께 내원했다.

D는 이미 정서가 불안하고 걸핏하면 물건을 어디에 두었는지 잊어버리는 등 ADHD 증상을 보였다. 눈을 계속 깜빡이거나 머리를 흔드는 동작도 잦고, 끙끙 앓거나 이상한 소리를 내기도 했으며 화장실에 자주 드나드는 증상도 있었다. 한편 동생 E는 학교에서 자주 배가 아프다고 하고 미술 시간에 그림을 그릴 때 바다나 하늘을 새카맣게 색칠한다는 이야기가 있어 형과 함께 치료를 진행하기로 했다.

엄마는 의사가 두 아들의 증상에 관해 설명하는 동안에도 "원래 얘들은 눈 하나 깜짝하지 않고 거짓말을 한다" "몇 번을 얘기해도 그때뿐, 말을 듣지 않는다"라고 하면서 부정적인 말만 되풀이했다. 육아와 아르바이트를 병행하면서 누적된 피로, 가정을 돌보지 않는 남편에 대한 스트레스를 두 아들에게 풀게 된 상황이라는 것을 미루어 짐작할 수 있었다.

가정과 학교가 협력하는 치료

D는 앞에서 말한 증상으로 ADHD와 투렛 증후군$^{Tourette\ Syndrome}$(신경발달장애의 일종으로, 고개를 흔들거나 눈을 깜빡거리는 운동 틱이나 콧물

을 훌쩍이거나 기침을 하는 음성 틱 등이 장기간 계속되는 증후군)이라는 진단을 받았다. 가족과 격리하지 않고 평소대로 생활하면서 치료해나가는 방향으로 가닥을 잡고, 약물 치료와 함께 모래놀이치료 등 심리치료를 계속해나갔다.

부모에 대한 케어도 필요하다고 판단해 부모와 면담 또한 계속 진행했다. D가 회복하려면 가족의 수용적인 태도가 필요하다는 사실을 이해시키고 가족관계를 재구축해나가기 위해서였다.

아이가 평소대로 생활하면서 치료를 진행하기 위해서는 부모뿐 아니라 학교에도 치료 관련 정보를 제공하는 일이 중요하다. 그래서 학교 선생님들에게 D가 불안해하는 모습을 보여도 엄하게 꾸짖거나 제지하지 않고 온화한 태도로 지켜봐달라고 조언했다.

그 결과 D의 증상은 차츰 나아져서, 충동적인 행동이 줄어들기 시작했다. 또 동생 E에게는 미술치료를 시행했더니 꽃이나 나무 등을 그릴 때 따뜻한 계열의 색을 이용하게 되었다.

사춘기 전에 흔히 나타나는 증상

D와 E의 부모처럼 스트레스가 많으면 아이에 대한 언어폭력이나 과도한 훈육으로 이어질 가능성이 있다. 일본 후생노동성 복지 행정 보고 사례에 따르면 아이에게 멀트리트먼트를 하는 사람의 50퍼센트 이상

은 친부모로, 그중 아버지는 35퍼센트 정도라고 한다. 이 비율은 1990년에 통계를 내기 시작한 이후 지금까지 거의 변화가 없다. 이유는 전적으로 가정의 주 양육자가 어머니이기 때문이다. 아버지가 육아에 적극적으로 참여해 어머니의 부담과 스트레스가 적어지면 이 비율이 바뀌어, 멀트리트먼트 피해 건수도 줄어들 가능성이 있다.[1]

D처럼 사춘기가 되기 전의 아이는 가정환경이나 부모와의 관계에 문제가 있으면 흔히 다음과 같은 증상을 보인다.

- 심신증(반복성 복통, 심인성 빈뇨증, 야뇨증, 주기성구토증)
- 주의력 장애
- 학습 장애, 학력 저하
- 충동 조절력 및 대인관계 능력(의사소통 능력) 미숙
- 반항 장애
- 집단 괴롭힘(피해자, 가해자 모두 될 수 있음)
- 성조숙증
- 선택적 함묵증(특정 장면이나 상황에 놓이면 말을 하지 않는 증상)

학교에서 아이를 지도하고 보살피는 어른들은 아이에게 이러한 증상이 나타날 경우 가정에 알리고 면담을 요청하는 등 조치가 필요하다.

케이스 스터디 ❸

아빠의 체벌로 인한 멀트리트먼트

<수면 장애가 등교 거부로>

F는 중학교에서 수영부로 활동하고 있다. 그런데 중학교 2학년 여름 방학부터 아침에 일어나기 힘들어지면서 점점 밤낮이 뒤바뀌더니, 결국 2학기부터 학교에 나가지 않기 시작했다. 밤에 잠을 자려고 시판되는 수면제도 복용해보았지만, 증상은 전혀 개선되지 않았다. 학교 수업의 경우 F에게 어려운 편이 아니었지만, 흥미가 떨어졌다. 학교에 가지 않는 대신 학원에 다녀보았지만 일주일에 서너 번꼴로 지각을 면치 못했다.

먼 곳에서 직장을 다니는 탓에 어쩌다 가끔 집에 오는 아빠는 학교에 가지 않는 F를 보고 '학교를 빠진다는 건 정신 상태가 해이해진 증거'라며 목검으로 F의 온몸을 두들겨 팼다. 알고 보니 근무하는 회사가 요즘 도산 직전이라 아빠 자신도 과도한 스트레스를 받고 정신적으로 내몰린 상태였다.

    F는 수면 주기만 정상적이지 않을 뿐 신체적으로 다른 문제는 없었지만, F와 엄마의 호소로 아빠의 과도한 체벌 사실이 발각되었다. F와 엄마는 이를 확인한 담당 시 교육 센터의 조언으로 진료 센터를 찾아왔다.

마음을 다치게 하는 체벌

진찰을 마친 후 F에게 수면 장애에 대한 약물 치료와 함께 심리상담 치료를 하기로 했다. 또 부모에게 F의 등교 거부는 '마음이 느슨해지거나 정신 상태가 해이해진 것'이 아니라 수면 각성 리듬의 파탄이 가장 큰 원인이라는 점, 지나친 체벌은 아이의 마음에 상흔을 남긴다는 사실을 끈기 있게 설명했다.

    정기적으로 심리치료를 시행하면서 학교생활에 잘 적응하지 못하고 등교 거부하는 아이들을 지원하는 '적응 지도 교실'에도 다니게 한 결과, F의 수면 장애는 서서히 개선되었다. 학교에도 가기 시작했는데, 교실에 들어가는 것은 힘들었지만 '보건실 등교' 정도는 가능해졌다.

    그 후 아빠가 다니던 회사는 끝내 도산했으나, 일가족은 새 출발을 위해 다른 도시로 이사했고 F는 현재 새로운 학교에 적응해서 잘 다니고 있다고 한다.

안팎으로 표출되는 병든 마음

F의 나이대, 이른바 사춘기에 접어든 아이의 몸과 마음속에는 폭풍이 일어난다. 이 시기에 가정환경이나 부모와의 관계에 문제가 생기면 아래와 같은 증상이나 행동을 보인다.

- 심신증(자율신경실조증, 기립조절장애, 과다호흡증후군, 섭식장애, 과민대장증후군)
- 불안감, 우울감
- 등교 거부, 은둔형 외톨이
- 불면증
- 비행, 가정 내 폭력
- 강박 증상, 자살 기도, 손목을 긋는 등의 자해 행위

보다시피 증상이 자신에게 나타나기도 하지만 다른 사람에게 향하는 경우도 많다. F는 조금 다른 케이스이지만, 사춘기 청소년의 뇌는 판단력이 있기는 해도 충동성이 더 강하기 때문에 감당하기 어려운 상황이 닥치면 견디기 힘들어 한다. 즉, 비행이나 문제 행동을 일으키기 쉽다.

절대 비행이나 문제 행동을 긍정하는 것은 아니다. 하지만 그런 행동을 하게 된 배경에는 지금까지 설명해온 트라우마 경험이 깔려 있을

가능성이 크다. 그러므로 십대 아이들이 범죄를 저질렀을 때 무조건 그들을 엄벌에 처하기보다는 트라우마가 남긴 상처를 적절히 케어하고 건전한 발달을 이룰 수 있도록 이끌어주는 것이 아이들은 물론 사회에도 유익한 일이라고 믿는다.

케이스 스터디 ❹

가정폭력 목격과 성적 멀트리트먼트

뒤늦게 밝혀진 성적 멀트리트먼트

G는 5살 때 부모가 이혼한 후 엄마와 함께 살고 있다. 아빠가 엄마에게 폭력을 행사한 것이 이혼의 가장 큰 이유였다. 그 후 엄마와 내연 관계에 있는 남자와 셋이서 살았는데, 5살 때부터 10살 때까지 그 남자에게서 성적 멀트리트먼트를 당했다.

G가 초등학교 5학년이 되고 나서야 뒤늦게 성적 멀트리트먼트 피해를 겪어온 사실이 밝혀졌다. "남자아이와 같이 급식을 먹기 싫다"라고 보건실에서 급식을 먹기 시작한 것이 계기였다. 그때 처음으로 G는 보건교사에게 지금까지 자신이 겪은 피해 사실을 털어놓았다.

현재 G는 6명의 인격이 자신 안에 존재하는 '해리성정체장애 Dissociative Identity Disorder' 증상을 보인다.

료코: 만 19세. 모성적인 역할을 담당한다.

에리: 만 15세. 어른스럽다.

기미코: 만 12세. 냉정하고 인간의 행동에 관심이 있다. 최근 존재감이 커졌다.

아유미: 만 12세. 평범한 여자아이. 동물과 꽃을 좋아한다.

유리: 만 12세. 흉악하고 흉포한 성격으로 갑자기 다른 사람을 때리고 싶어질 때가 있다. 조건이 완전히 갖춰지지 않는 한 여간해서는 등장하지 않는다.

유이: 만 9세. 울보에 어리광쟁이.

엄마는 여태껏 G가 다중인격을 보인다는 사실을 눈치채지 못한 채 G의 언행에 이상한 점이 있어도 "네 망상이나 듣고 있을 만큼 내가 한가한 사람인 줄 아느냐"라며 부정해왔다. 그러나 딸의 정서가 불안하다는 사실에 대해서는 마음이 쓰였기에, 보건교사가 권유하자 그제야 G를 데리고 의료 기관을 찾기로 마음먹었다.

G는 왼팔 위쪽에 커터 칼로 그어 피가 날 정도로 자해한 적이 있지만, 본인은 기억하지 못했다. 이 또한 해리 증상 중 하나다. 밤중에 미세한 소리에도 잠이 깨는 등 과각성^{Hyperarosal} 증상도 보였다.

중복 멀트리트먼트로 고통받는 아이

G는 성폭력 피해로 인한 외상후스트레스장애 및 해리성정체장애 진단을 받고 약물 치료와 함께 외상-초점 인지행동 치료, 안구운동 민감소실 및 재처리 요법 등을 동원한 복합적인 치료를 시작했다. 최근에는 과각성 증상이 개선되었다.

G는 기본적으로 부모의 가정폭력 목격에 따른 애착 장애가 있는 데다 성적 멀트리트먼트로 인한 트라우마까지 겹쳐서 증상이 매우 복잡하게 나타난 케이스다. 트라우마 치료를 비롯해 계속해서 신중하게 지켜볼 필요가 있으므로, 앞으로도 많은 기관과 협력하면서 지원해나가야 한다.

반드시 전문가의 개입이 필요한 심각한 증상

해리성정체장애는 주위에서 흔히 볼 수 있는 질환이 아니므로, 아이가 거짓말을 하거나 연기하고 있다고 생각해 방치해두는 경우가 있다. 그러나 사실 마음의 상처가 깊어진 나머지 해리 증상으로 발현되었을 가능성이 크다. 그러므로 이참에 해리성정체장애에 관해 제대로 알고, 혹시 주위에 이 질환이 의심되는 아이를 발견하면 전문가의 개입이 필요하다는 사실을 기억해주기 바란다.

현재 G의 엄마는 내연 관계의 남자와 헤어졌기 때문에 G가 멀트리트먼트를 당할 우려는 없다. 그러나 G는 지금도 '누가 내 몸을 만지거나 때린다고 소리를 질러도 아무도 도와주지 않는' 악몽을 꿀 때가 있다고 한다. 이렇듯 멀트리트먼트 피해가 심각한 케이스는 길게 보고 끈기 있게 치료해나가야 한다.

요약

- 뇌는 손상을 입더라도 유연성과 회복력을 지니고 있어, 적절한 환경과 지원을 받으면 다시 회복할 수 있다.

- 놀이치료, 미술치료, 인지행동치료 등 다양한 심리치료법은 아이의 정서적 상처를 보듬고 뇌 발달을 다시 촉진한다.

- 부모와의 안정된 애착은 늦게라도 형성될 수 있으며, 아이에게 안전기지를 제공해 뇌와 마음이 회복되는 토대가 된다.

옮긴이 주

1) 보건복지부 산하 아동권리보장원에서 2025년에 발표한 아동학대 통계 현황을 보면 2024년 기준으로 우리나라도 친부모가 87.3%를 차지했다. 하지만 일본과 달리 우리나라는 친모(34.1%)보다는 친부(47.2%)의 비율이 높았다. (https://www.ncrc.or.kr/ncrc/na/ntt/selectNttInfo.do?mi=1469&bbsId=1127&nttSn=9207&cataGori=da07&tabName=all)

자존감이 높은
아이로 키우는 양육법
: 자존감을 높여주고 뇌 발달을 도울 애착 형성

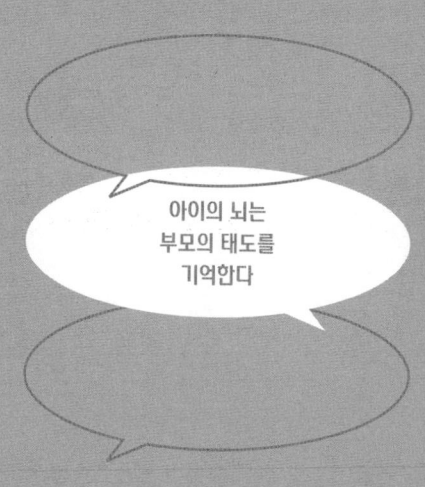

부모와 아이의 강한 유대감, 애착

아이에 대한 멀트리트먼트와 애착 장애는 깊은 관련이 있다. 근래에는 어린 시절에 애착을 얼마나 제대로 쌓느냐가 앞으로의 인생에, 특히 정신적인 면에 큰 영향을 미친다는 사실도 속속 밝혀지고 있다.

이번 장에서는 멀트리트먼트 때문에 애착을 잘 형성할 수 없었던 아이들을 어떻게 치료하고 케어해야 하는지에 관해 이야기하려 한다. 그 전에 애착과 애착 장애에 대해 간단히 알아보자.

애착이라는 개념을 만들어낸 사람은 프랑스의 심리학자 피에르 자네Pierre Janet(1859~1947)다. 이를 뜻하는 영단어 attachment는 프랑스어의 'attacher(단단히 고정하다)'에서 파생된 단어로, 앞에서도 이야기했듯 아이와 특정한 모성적 인물 간에 형성되는 특별한 정서적 유대감을 말한다. 일본에서는 '애착'으로 번역되어왔는데, 최근에는 '어태치먼트'라는 영어 발음 그대로 표기하는 추세다.

아이는 태어나 6살 정도까지는 부모나 양육자 사이에서 애착을 형성하고, 여기서 얻은 안심감과 신뢰감을 바탕으로 주변 세계를 향해 관심을 넓히고 인지력과 풍부한 감정을 키우면서 성장해나간다. 이러한 '애착은 인간 아기가 살아남기 위해 필수 불가결하다'라는 '애착 이론'을 확립한 사람은 영국의 정신건강의학과 의사 존 볼비 John Bowlby(1907~1990)와 미국의 발달심리학자 메리 에인스워스 Mary Ainsworth(1913~1999)다. 존 볼비는 생후 1년 이내의 아기도 선천적으로 모성적 인물에 대한 특유의 '애착 행동' 패턴을 갖추고 있다고 생각했다. 아직 말도 제대로 하지 못하고 혼자서는 아무것도 할 수 없는 아기는 양육자에게 애착 행동을 보임으로써 양육자를 제 편으로 끌어들이고, 그 거리를 항상 가깝게 유지하면서 자신의 욕구를 채우고 위험으로부터 몸을 보호한다는 것이다.

아기 특유의 애착 행동에는 다음과 같은 특징이 있다.

- 불안이나 위험을 느꼈을 때 양육자의 주의를 끌기 위해 울음을 터트린다

- 양육자가 자신과 떨어져 있을 때 양육자의 위치를 확인하기 위해 가만히 바라보고 눈으로 좇는다
- 양육자가 자신의 곁을 떠나려고 할 때 기어서라도 따라가려고 한다

이러한 행동에 양육자가 애정을 가지고 반응함으로써 안정적인 애착이 형성되고, 양육자의 존재는 아이에게 '안심할 수 있는 안전한 장소'가 된다.

존 볼비는 제2차 세계대전 후 부모를 잃고 보육 시설에 맡겨진 아이들을 조사하면서 아이들의 성장과 애착에 관해 주목하기 시작했다. 고아가 되기 전에 부모나 가까운 양육자와 안정된 관계를 쌓지 못한 아이일수록 주위 사람들과 어울리지 못하고 말을 하지 않거나, 반대로 지나치게 살갑게 구는 경향이 있다는 사실을 깨달은 것이다.

여기서 착안해 연구를 시작한 존 볼비는 인간 아이가 건강하게 자라기 위해서는 '안전'과 '탐색'이 필요하다는 결론에 도달했다. 그리고 애착, 즉 부모와 자녀 사이의 강한 유대감이 끈끈하게 형성되어 있지 않으면 안전과 탐색은 정상적으로 기능하지 못해 결국 몸과 마음의 발달이 지체되거나 문제가 생기고, 각종 질환에 대한 면역력도 저하된다는 점을 지적했다.

안전과 탐색이란 말하자면 이런 것이다. 인간 아이는 어른의

양육 없이는 살아갈 수 없다. 갓 태어난 아기에게 무엇보다 필요한 것은 위험을 피해 성장할 수 있는 안전한 환경이다. 일반적으로 안전한 환경이란 부모의 곁이고, 그래서 아이는 보통 부모의 따뜻한 비호 아래 안전하게 자라난다.

그러나 넓고 험한 세상에서 살아가는 데 필요한 생존 요령을 익히기 위해서 때로는 모험을 하거나 용기를 내어 안전한 장소에서 벗어나 주변을 탐색하면서 자신의 세계를 넓혀갈 필요가 있다.

술래잡기를 예로 들어보자. 안전지대에 있으면 술래에게 잡힐 일이 없지만, 언제까지나 한곳에 머물러서는 게임이 진행되지 않기 때문에 위험을 무릅쓰고 술래 진영을 공격해야 한다. 그리고 마침내 위험해진다 싶으면 쏜살같이 안전지대로 돌아온다. 아이들이 너도나도 술래잡기 놀이를 하는 이유는 그러한 심리전과 스릴이 재미있기 때문이다.

아이의 마음 성장은 술래잡기의 원리와 매우 닮아 있다. 아이는 안전지대를 거점으로 삼고 흥미나 호기심에 이끌려 바깥세계로 모험을 떠난다. 바꾸어 말하면, '부모의 곁'이라는 장소가 있으므로 다소 위험하고 불안하더라도 모험을 떠날 수 있는 것이다. 에인스워스는 이를 '안전기지 Secure Base'라고 불렀다.

가정에서 남녀의 역할 분담이 확실했던 존 볼비나 메리 에인스워스의 시대에는 안전기지의 역할을 하는 사람은 엄마인 경우가 많았다. 그러나 현대사회에서는 아버지나 할아버지, 할머니, 그 외 다른 보호자가 아이 마음의 버팀목이 되는 경우도 적지 않다. 다만 양육자가 자주 바뀌면 안심감이 자라기 어려우므로, 되도록 한 양육자가 도맡아서 키워나가는 것이 바람직하다. 앞에서 이야기했듯 이 책에서는 아이의 주 보호자를 편의상 '부모(양육자)'로 통일해서 칭하고 있다.

위험한 일이 일어났을 때 혹은 불안을 느꼈을 때 부모가 곁에 없거나, 곁에 있어도 안심감을 느끼게 해주지 않으면 아이는 활동 영역을 계속해서 넓혀갈 수 없다. 탐색할 기회는 줄어들고, 그 결과 자립할 수 있는 준비를 하지 못한 채로 자란다. 아이가 사회적으로나 정신적으로 건전한 성장을 이루어나가기 위해서는 안전과 안심을 보장해주는 확실한 존재, 즉 부모나 양육자와 친밀한 관계를 유지하고 안정된 애착을 쌓아나가야 한다.

애착 유형의 종류

에인스워스는 애착의 형태를 검증하기 위해 '낯선 상황 절차 Strange Situation Procedure, SSP'라는 실험을 했다. 만 1세 전후의 어린아이가 엄마와 함께 지금껏 가본 적 없는 방에 들어간다. 거기에는 수많은 장난감이 있어서 아이는 자연히 그 장난감을 가지고 놀기 시작한다. 이때 다음과 같은 순서로 실험을 진행해나간다.

① 상냥한 여성이 방에 들어와서 엄마와 대화를 나누고 아이와 함께 놀아준다.
② 엄마가 아이와 여성을 남겨두고 방을 나갔다가 몇 분 후에 돌아온다.
③ 엄마와 교대하듯 여성이 방을 나간다.
④ 엄마가 다시 방을 나가고, 아이만 혼자 둔다.
⑤ 잠시 후 여성이 방에 돌아온다.
⑥ 잠시 후 엄마가 방에 돌아온다.

실험에 등장하는 낯선 여성은 아이에게 '스트레스를 주는 존재'라는 역할을 맡았다. 에인스워스는 아이가 엄마와 헤어졌다가 재회하는 상황 속에서 엄마를 안전기지로 삼고 있는지, 또 확실한 피난 장소로 느끼는지 관찰했다.

- 처음 가본 곳이라고 해도 엄마가 곁에 있으면 안심하고 논다. 엄마가 방을 나가고 낯선 여성과 단둘이 남겨졌을 때는 혼란스러워하고 불안해하지만, 엄마가 돌아오면 진정하고 다시 놀기 시작한다.
  → 안정형

- 처음 가본 곳에서 노는 일도 엄마가 방을 나가고 낯선 여성과 단둘이 방에 남겨지는 것도 불안해하지만, 전혀 내색하지 않고 엄마가 돌아왔을 때도 관심 없는 척한다.
  → 불안정-회피형
- 엄마와 함께 있을 때는 안심하고 놀지만, 엄마가 방을 나가고 낯선 여성과 단둘이 남겨지면 극도로 동요하고 엄마가 돌아와도 부정적인 감정으로 일관한다. 달래주어도 저항한다.
  → 불안정-저항형

 에인스워스는 이러한 차이가 생기는 까닭은 부모의 육아 방법이 저마다 다르기 때문이라고 생각했다. 그리고 항상 부모가 아이에게 애정을 표현하고 안전기지로서의 역할을 다하면 아이는 '안정형'이 된다고 결론지었다. 한편 '불안정-회피형'과 '불안정-저항형'은 부모가 안전기지 역할을 다하지 못했기 때문에 부모와 아이 사이의 애착이 불안정한 상태다.

 부모와 아이의 관계는 저마다 타고난 개성이나 환경과도 깊은 관련이 있기 때문에, 육아 방법만으로 단순하게 인과관계를 단정 지을 수 없다는 점에서 현재는 이 이론에 문제를 제기하는 사람들도 있다. 그러니 하나의 잣대로서 애착에는 이러한 패턴이 나타나기 쉽다고 참고하는 정도로 삼는 것이 좋을 듯하다.

 이후 미국의 심리학자 메리 메인Mary Main 교수의 연구진이 네

번째 '혼란형'을 발견했다. '무질서/무방향형Disorganized/Disoriented Type' 으로도 번역되는 이 유형은 엄마가 방을 나갈 때 저항과 회피가 섞여 멍한 상태를 보이다가 엄마가 돌아와도 혼란스러워하거나 불안해한다는 것이 특징이다. 그리고 멀트리트먼트를 경험한 아이의 60~80퍼센트에서 이 혼란형 애착이 나타난다고 한다. 또 트라우마 경험이 없는 일반 영유아 중 15퍼센트에서도 혼란형 애착 유형이 나타나는데, 이 경우 부모의 트라우마가 미해결 상태일 가능성이 있다고 지적했다.

애착의 형성 과정

아이는 자기 뜻대로 자유롭게 돌아다닐 수 있게 되고 나서도 불안을 감지하면 애착의 대상자(부모) 곁으로 다가가 딱 붙어 있으려고 한다. 자신을 다정하게 지켜봐 주는 존재를 피부로 느낌으로써 긴장을 풀고 애정을 보충하려는 것이다. 뇌 발달에서도 중요한 이 시기, 특히 만 6세 무렵까지는 '보고' '듣고' '만지고' 등 오감을 최대한 발휘해서 부모의 사랑을 확인하려는 행동이 계속된다.

아이들은 정말 스킨십을 좋아한다. 눈과 눈을 맞추고, 웃음을 나누고, 스킨십으로 설레면서 사람과 사람은 어떻게 교감하면 기분이 좋은지 말 그대로 몸으로 체험하면서 애정을 주고받는 방법(애정의 캐치볼)을 배워나간다. 이것이 건전하고 안정된 애착을 형성하는 기본 과정이다.

유아기 무렵의 아이에게 세상을 이루는 원리는 굉장히 단순 명쾌하다. 지금 자신의 눈앞에 있는 것만이 전부고, 과거나 미래와 같은 개념은 당연히 잘 이해하지 못한다. 그러다가 상상력이 풍부해지기 시작하면 눈앞에 일어나는 일 외에도 속으로 상상하거나 떠올리고 추측할 수 있게 된다. 가령 부모가 곁에 없을 때도 제대로 애착이 형성되어 있으면 '자신은 보호받고 있고 사랑받고 있다'라는 생각을 마음속으로 그림으로써 안정을 유지한다. 어쩌다 위험한 상황에 부닥치더라도 과거의 경험을 되살려, 그때처럼 분명히 엄마 아빠가 자신을 구하러 와줄 것이라고 생각하며 용기를 낸다.

부모 말고도 자신에게 신경 써주고 부모처럼 사랑해주는 사람이 있다는 사실을 배우기 시작하는 시기도 이때다. 즉, 애착을 기반으로 해서 다음과 같은 사실을 차츰 이해해나간다.

- 부모처럼 자신을 아껴주는 사람은 안심해도 된다.
- 부모 말고도 자신을 도와주는 사람이 있다.

그래서 부모가 신뢰하는 사람에 대해서도 부모처럼 신뢰하고 따르게 된다. 동시에 혼자서 문제를 해결하는 힘이나 요령도 서서히 익히고, 다른 사람과 상호작용하는 방법을 배우면서 사회의 일원으로 자립해나간다.

이처럼 아이는 어릴 때부터 자신의 세계를 넓히면서 계속 성장해나간다. 매우 멋진 일이지만, 굉장히 에너지가 필요한 일이기도 하다. 그리고 그 에너지를 뒷받침해주는 것이 '부모는 날 사랑해주고 아껴준다'라는 안심감이다. 불안할 때마다 서슴없이 내밀어주는 도움의 손길, 안아줄 때 피부로 전해지는 온기, 따뜻한 눈빛, 웃는 얼굴, 미소, 다정한 말. 이런 것들이야말로 아이의 마음이 성장하는 데 절대 빼놓을 수 없는 중요한 양분이다.

마음의 병이 될 수 있는 애착 장애

존 볼비와 같은 시대에 원숭이를 대상으로 애착에 관해 연구한 학자가 있다. 미국 위스콘신대학교의 심리학자 해리 할로우 Harry Harlow(1905~1981)다.

할로우는 실험실에서 어릴 때 어미 품에서 떼어놓은 새끼 원숭이가 건강하게 성장하지 못한다는 사실을 깨달았다. 즉, 부모라는 안전기지가 없는 새끼 원숭이는 비록 다른 양육 환경이 잘 갖추어져 있어도 빨리 죽어버리는 경우가 많았다. 또 새끼 원숭이를 부드러운 천으로 감싼 대리모가 있는 우리에 넣고 키웠더니 빨리 죽는 비율은 줄어들었지만, 이상한 행동을 하거나 성장하면서 점점 공격성이 강해진다는 사실을 확인했다.

이와 같은 고전적인 견해를 시작으로 그 후로도 부모와 자녀 사이의 '애착의 박탈과 부족'에 관한 연구가 계속되었고, 그에 따른 성과도 보고되고 있다. 그중에서도 캐나다 맥길대학교의 마이클 미니Michael Meaney 교수 연구진이 쥐를 대상으로 실험한 연구가 유명하다. 이들은 어미가 몸을 핥아주고 털을 다듬어주는 등 소중하게 돌보며 키운 새끼 쥐는 사회적·정서적으로 정상적인 발달을 이루지만, 보살핌을 받지 못하고 자란 새끼 쥐는 성체가 된 후 스트레스나 불안에 취약하다는 사실을 밝혀냈다. 이른바 애정 어린 양육의 여부가 성장 후 스트레스 내성과 관련이 있다는 것이다.

상상해보라. 조그마한 어린아이가 도움이 필요할 때 부모에게 무시당한 채 방치되어 있다. 애정을 전하려고 곁으로 다가가 올려다보며 웃어도 부모는 아무 반응도 없다. 불안하고 기운이 없을 때도 공감 가득한 말이나 격려하는 말을 해주지 않는다. 이런 환경에서 어떻게 건전한 애착이 형성될 수 있을까.

아이는 부모와 애정과 신뢰를 주고받음으로써 인간관계에 대해 배우고 사회가 돌아가는 원리를 깨친다. 그런데 이러한 상호작용이 부족하면 사람과 어울리는 방법 자체도 달라진다. 실제로 부모와 자녀 사이의 애착이 얕으면 아이는 본능적인 애착 행동을 하지 않게 된다. 부모가 외출하려고 할 때 부모의 뒤를 쫓아가거나 울음을 터트리지 않고, 부모가 집으로 돌아와도 반기기는커녕 딴청을 피운다. '사람과 어울리는 방법이란 기본적으로 이런 거구나' '이게 일반적인 거야' 하고 단정 짓고 성장 후 사회에 나가서도 다른 사람과 제대로 된 인간관계를 맺지 못한다.

이렇게 애착이 부족해서 나타나는 다양한 증상을 총괄해 지칭하는 단어가 '애착 장애'다. 애착 장애는 지금까지 마음의 문제로 다뤄온 분야이기도 하지만, 2장에서 설명한 대로 뇌 발달 자체에도 큰 영향을 끼친다. 특히 유아기에 받은 과도한 멀트리트먼트로 말미암은 애착 장애는 감정 제어 기능에 문제가 발생하기 쉬워 우울증이나 ADHD, 해리성정체장애 등 심각한 마음의 병으로 진행된다고 한다.

두 가지 모습의 애착 장애

정신의학 분야에서 애착 장애라는 것은 비교적 새로운 개념이어서, 진단 기준은 아직 자리 잡히지 않은 실정이다. 미국 정신의학회에서는 정신질환의 진단에 관한 표준 가이드라인을 제시할 목적으로 『정신질환 진단 및 통계 편람DSM』을 정기적으로 간행하는데, 2013년에 제5판을 출판하면서 질환의 분류와 진단 기준을 대폭 개정했다.

이 개정판에서 애착 장애는 앞에서 설명한 '반응성애착장애'와 '탈억제 사회관여 장애Disinhibited Social Engagement Disorder'로 분류되었다. 반응성애착장애는 대인관계에서 적절한 반응을 하지 못하고 이른바 청개구리 같은 말이나 행동을 취하는 점이 특징이다. 자신을 돌보아주는 사람에게 강한 경계심을 품고, 어리광을 피우고 싶어도 솔직하게 표현하지 못한다. 다정하게 대해주는 사람에게 성질을 부리거나 화를 내며 우는 등 모순된 태도를 보이는 경우도 있다. 어릴 적 부모와 애정의 캐치볼을 해본 경험이 없는 탓에 모든 타인을 신용할 수 없게 되었기 때문이라고 추측된다. 누군가를 신뢰하고 어리광을 피운 경험치가 지극히 낮은 탓에 자신을 향한 애정이나 호의에도 분노나 무관심으로 대응하고 말게 된다.

반대로 탈억제 사회관여 장애는 다른 사람에 대한 애착은 있지만, 특정인에 대해 애착을 보이는 능력이 현저하게 떨어진다. 누구에게나 애착을 바라고 애정을 퍼주기 때문에 얼핏 사교적으로 보이기 쉽다. 그러나 타인에 대한 경계심이 없는 동시에 상대방을 깊이 이해하려고 하지 않는 경향이 있다.

예를 들어, 보통 어린아이들은 넘어져 다치면 울음을 터트리면서 얼른 부모가 있는 곳으로 달려간다. 근처에 있는 낯선 사람이 손을 내밀어 일으켜주려고 하면 오히려 더 크게 울고, 안아주어도 부모를 찾아 몸을 뒤틀며 벗어나려 한다. 그러나 탈억제 사회관여 장애를 앓는 아이는 낯선 사람에게 안겨도 거부 반응을 보이기는커녕 잘 따르고 떨어지려 하지 않는다. 성장한 후에도 처음 보는 사람에게 친근하게 굴거나 주변 사람에게 과도한 애정을 보여 도리어 사람들이 경계하거나 멀리하려 하는 경우도 많다. 정작 본인은 자각이 없기 때문에 상대방의 반응에 상처 입기도 하고, 경계심이 약해서 남의 말을 곧이곧대로 믿고 예기치 못한 위험에 휘말리기도 한다.

 멀트리트먼트와 관련해서 생각해보면, 만 6세 무렵까지 멀트리트먼트에 계속 노출된 아이는 76퍼센트의 비율로 애착 장애를 일으킨다고 한다. 이 주장을 한 사람은 발달성 트라우마 장애를 제창한 미국 보스턴대학교의 베셀 반 데어 콜크(Bessel van der Kolk) 교수다. 또한 현대에는 애착 장애로 진단되지 않더라도 멀트리트먼트로 인해 애착 형성에 문제가 발생해 그 후의 대인관계나 사회생활에 큰 영향을 끼치는 사례도 증가하고 있다.

애착 장애와 발달 장애의 차이

임상 현장에서 애착 장애와 혼동되기 쉬운 것이 자폐증이나 지적 장애과 같은 '발달 장애'다. 애착 장애는 보통 발달 지연, 특히 인지나 언어 습득 지연이 동반되기 때문에 증상만으로는 발달 장애와 구별하기 어렵다. 나 또한 진료 센터를 찾은 아이의 증상을 두고 발달 장애로 진단을 내려야 하는 것은 아닌지 몇 번이나 고민한 적이 있다.

예를 들어 반응성애착장애는 자기만의 껍질에 틀어박혀 다른 사람과 눈을 맞추려 하지 않는 등 자폐증과 비슷한 증상을 보일 때가 있다. 탈억제 사회관여 장애는 침착하지 못하고 집중력이 떨어지는 탓에 학습 장애로 진행되기도 해서 ADHD와 같은 발달 장애와 구별하기 어려울 때가 있다.

하지만 애착 장애를 발달 장애(또는 그 반대)로 진단하고 거기에 맞추어 치료해도 증상은 전혀 나아지지 않는다. 아무리 증상이 비슷하다고 해도 치료법이 다르기 때문이다.

ADHD를 앓는 아이의 부모는 이러한 증상을 제대로 이해하고 맞춤 양육 방법을 익히기 위해서 '부모 훈련'이라고 불리는 심리 교육을 받고 대처법을 배운다. 부모 훈련이란 행동 치료에 기반한 것으로 '바람직한 행동'과 '바람직하지 않은 행동'이 있다는 사실을 깨닫고 바람직하지 않은 행동을 줄이기 위한 테크닉을 부모가 습득하는 프로그램이다. 부모와 자녀 사이에 얽히고설킨 문제를 풀고 한층 좋은 관계를 맺는 것이 목표다.

한편 애착 장애의 경우 ADHD라는 증후군 하나만 대처해서는 치료가 제대로 이루어지지 않는다. 애착 장애는 사람과 사람의 관계 속에서 발생하는 병리 현상이므로 부모뿐 아니라 양육 지원자나 보육교사, 교사 등 전방위적으로 양호한 관계를 맺을 필요가 있다. 이처럼 여러 명의 어른이 의료 종사자와 한 팀이 되어 애착 장애로 고통받는 아이를 둘러쌈으로써 커다란 울타리 안에서 양호한 관계가 순환하도록 한다.

2장에서 설명한 대로 발달 장애를 앓는 아이에게 약물 치료를 하면 보상 체계의 기능을 정상적인 수준까지 끌어올릴 수 있지만, 애착 장애를 앓는 아이는 약물 치료를 할 경우 오히려 이 부분을 담당하는 뇌의 기능이 더욱 약해져 의욕이나 성취감, 기쁨 등을 느끼는 감도가 극단적으로 떨어진다는 점에서 큰 차이가 있다.

발달 장애 아이는 성장하면서 증상이 안정되는 경향이 있지만, 애착 장애 아이는 적절한 케어가 이루어지지 않으면 증상이 개선되지 않는다는 점도 간과해서는 안 된다. 즉, 반응이 둔해져 버린 뇌의 기능을 개선해나가려면 아이의 증상에 알맞은 치료법을 찾아 장기적으로 꾸준히 시행해야 한다.

물론 발달 장애든 애착 장애든 기본적인 행동 치료와 양육에 있어 '칭찬'은 매우 중요하다. 그러나 특히 애착 장애를 앓는 아이의 경우 더 많은 칭찬이 필요하다.

오래 걸리고 힘들겠지만 분명히 회복될 아이들

멀트리트먼트로 인해 애착 장애를 일으키는 아이는 마음에 커다란 트라우마를 안고 있는 경우가 대부분이다. 이 경우 인내심을 가지고 천천히 아이와 마음의 거리를 좁혀가면서 트라우마에 따른 손상을 회복시키고 정신적으로 자립하도록 돕는 치료가 필요하다. 그리고 애착을 재형성하기 위한 케어도 진행해나간다. 아이가 특별한 사람을 향해 신뢰를 보내고, 애착을 쌓을 수 있는 환경을 만드는 것이다. 그러려면 무엇보다 아동양육시설이나 아동 자립 지원 시설에서, 혹은 위탁 부모나 특별 양자 결연 등의 제도를 활용해 아이가 안심하고 안전하게 생활할 수 있는 장소부터 마련해야 한다.

애착 장애에 대한 심리치료에서 가장 중요한 것은 '내 곁에 있는 이 사람은 안심할 수 있는 존재다'라는 생각이 들게끔 아이를 지도해나가는 일이다. 새로운 환경에서 새로운 양육자와 마주할 때, 연령이 낮은 아이의 경우 '부모 한계 시험'이라고 해서 퇴행 행동을 하거나 난폭하게 굴고 혹은 새로운 부모나 양육자에게 반항하는 모습을 보인다. 언제 그랬냐는 듯 돌변해서 말을 안 듣는가 하면 갑자기 새 양육자 곁을 떠나려고 하지 않는다. 불안해하면서 밤에 혼자서 잠들지 못하고, 손가락을 빨거나 자다가 실수를 하는 등 아기 때 했던 행동을 다시 하기도 한다.

이는 '이 사람을 안심하고 믿어도 될까?' 하는 마음의 표현이다. 어떤 만 10세 남자아이는 양육자가 무릎 위에 앉히고 숟가락으로 떠먹여주지 않으면 밥을 먹지 않으려고 했다. 이럴 때는 무조건 행동을 바로잡으려고 하기보다 그 아이의 상황을 받아들이고 따뜻하게 지켜보는 자세가 중요하다.

초등학교 고학년 이상은 몸이 아프다고 하거나 알레르기 같은 지병이 악화되었다고 호소하기도 한다. 충동을 조절하는 능력이 저하되어 주위에 공격적인 태도를 보이는 등 문제 행동을 일으키는 아이도 있고, 자기 긍정감이 현저히 낮아져 울적해하거나 학교 수업에 집중하지 못해 성적이 떨어지는 아이도 있다. 이처럼 이차적인 증상 악화로 이어지는 일도 있으므로 주의가 필요하다.

이러한 행동을 되풀이하면서도 아이는 본래 부모와 자녀 사이에 쌓였어야 마땅한 애착이 어떤 것인지 조금씩 배워나간다. 다정한 말이나 배려가 넘치는 환경을 알고, 안심과 안전이란 어떤 것인지 실감해나간다. 신뢰할 수 있는 어른이 바로 곁에 있다는 사실이 아이의 마음에 안정을 주고 '나는 가치 있는 인간'이라는 자각과 자신감을 심어주는 것이다. 애정을 기반으로 한 이 감정이야말로 아이가 사회에서 살아남기 위해 가장 필요한 요소다.

그러나 트라우마 극복과 마찬가지로 애착을 재형성하는 데에도 아주 많은 시간이 필요하다. 아이들 대부분은 이미 적절하지 않은 애착 유형이 몸에 배어 있어 우선 그것을 제거한 다음 건전한 애착을 새롭게 쌓아올려야 하기 때문이다. 처음부터 시작하는 것보다 더 힘들다고 해서 "마이너스 시작"이라고 말하는 전문가도 있을 정도다.

또 앞에서도 설명했듯, 애착 장애를 앓는 아이들은 부모에게서 칭찬을 받거나 무언가를 이루어냈을 때 함께 기쁨을 나눈 경험이 적은 탓에 자기 긍정감이 극도로 낮은 경향이 있다. 그 때문에 주위 사람들이 칭찬하거나 다정한 말을 건네도 좀처럼 진심으로 받아들이지 못한다. 반대로 야단맞거나 하는 부정적인 행위에는 민감해서, 사소한 일로 주의를 받기만 해도 '얼어붙어 버리는' 모습을 자주 볼 수 있다.

치료를 시행하는 의료진이나 케어를 맡은 조력자는 아이의 상태를 면밀하게 관찰해 신중하게 시간을 두고 건전한 애착을 새로이 쌓아가는 자세가 필요하다. 이는 끝이 보이지 않는 먼 길이다. 회복의 조짐이 보인다 싶다가도 다시 원점으로 돌아가는 일이 수없이 반복된다. '비틀린 애착'이라는 단단한 갑옷에서 아이를 해방하기란 쉽지 않다.

하지만 절대 헛된 일이 아니다. 비록 시간이 걸리기는 해도, 아이의 뇌와 마음은 조금씩 치유되어간다. 뇌과학, 정신의학 의사로서 오랫동안 많은 아이를 치료해온 나는 이 사실 하나만은 확신할 수 있다. 그러나 동시에 이런 생각도 든다. 내가 이 아이들을 몇 년만 더 일찍 만났더라면 조금 더 효과적으로 치료할 수 있었을 텐데.

내가 멀트리트먼트를 겪고 있는 아이들을 하루라도 빨리 구출해내고, 아이들의 마음을 케어하는 일이 얼마나 중요한지 반복해서 강조하는 이유는 바로 이런 생각에서다.

아이 마음 보듬어줄 대화의 기술

애착 장애를 앓는 아이를 생각할 때 잊어서는 안 될 점은 아이의 부모 역시 애착 장애로 고통받는 경우가 많다는 사실이다. 멀트리트먼트까지는 아니더라도, 아이를 어떻게 대하면 좋을지 몰라 애정 어린 대화나 스킨십이 극단적인 이루어지지 않는 가정도 늘고 있다. 그러므로 아이의 치료뿐 아니라 부모에 대한 치료 및 케어도 고려한 지원 체제 마련이 시급하다. 상담이나 심리치료뿐 아니라 증상에 따라서는 약물 치료의 가능성도 열어두어야 한다.

이러한 현실을 반영해 최근에는 부모나 양육자를 대상으로 아이와 애착을 적절하게 형성하기 위한 프로그램이 많이 시행되고 있다. '애착 회복 프로그램(회복적 애착 치료)'이라는, 뇌과학적으로 입증은 되지 않았지만 양육자에 대한 부모 훈련과 양육자 자신이 자라온 과거를 돌아보는 심리치료도 함께 진행한다.

그밖에도 일상 속의 소소한 커뮤니케이션에 의식적으로 주의를 기울임으로써 아이와 한층 양호한 관계를 만들어나갈 수 있도록 돕는 CARE^{Child-Adult Relationship Enhancement}(부모 자녀 관계 개선 교육)라고 불리는 심리 교육적 개입 프로그램이 있다. 미국 오하이오주 신시내티 어린이 병원에서 개발된 이 프로그램은 트라우마에 노출된 경험 여부와 상관없이 모든 성인이 테스트해볼 수 있도록 만들어졌다. 이는 롤 플레이(역할 연기)를 통해 구체적으로 체험하면서 양육 태도를 향상하는 기법으로, 내가 운영하는 진료 센터에서는 아이를 어떻게 키워야 할지 불안해하는 가족이나 등교 거부아 등에게 이 CARE 프로그램을 적극적으로 실천하고 있다.

일본에서는 시라우메가쿠엔대학교의 후쿠마루 유카^{福丸由佳} 교수를 중심으로 CARE의 실천 및 보급을 위한 워크숍이 이루어지고 있다. 그 일부를 소개하면 다음과 같다. 원래는 전문가의 지도로 실천하는 것이 바람직하다는 것을 미리 이야기한다.

부모나 가까운 관계에 있는 어른이 아이에 대해 '적극적으로 활용하면 좋은 세 가지 대화법'이 있다.

① 반복하기
② 행동을 말로 표현하기
③ 구체적으로 칭찬하기

①의 경우 아이가 "엄마, 내가 빨간 사과를 그렸어"라고 말했다고 가정해보자. 이때 "어, 그러네. 빨간 사과를 그렸구나" 하고 아이의 말을 적절하게 반복해주면 자연히 아이는 대화의 주역이 된다. 그리고 엄마가 자신의 이야기를 듣고 이해했다는 표현을 해주고 있다는 사실이 아이에게 전해진다. 이러한 과정을 통해 아이는 대화에 능숙해지고, 차츰 대화 횟수를 늘려간다.

②는 예를 들면 그림책을 다 보고 책장에 꽂아놓으려는 아이의 올바른 행동에 "어머! 책 다 보고 정리하는구나!" 하고 말을 걸어줌으로써 아이에게 흥미를 보이고 관심이 있다는 사실을 전할 수 있다. 아이가 그것이 착한 행동이라고 학습하는 기회도 된다. 그러면 아이는 지금 하는 과제에 계속 집중하고, 자신의 행동에 대한 생각을 정리할 수 있다.

③의 경우 "친구한테 장난감을 빌려주었구나. 착하기도 해라!" 등 구체적으로 아이의 바람직한 행위나 자세를 칭찬한다. 칭찬은 체벌이나 위협보다 좋은 행동을 늘리는 효과가 있다. 아이뿐 아니라 부모도 기분이 좋아져서 한층 더 좋은 관계를 맺을 수 있다.

반면 '되도록 피해야 하는 세 가지 대화법'은 다음과 같다.

① 명령, 지시
② 불필요한 질문
③ 금지, 부정적인 표현

명령이나 지시(①)는 아이에게서 주도권을 빼앗아버린다. 아이가 학교에서 내준 그림일기 숙제를 하고 있다고 가정해보자. 아이는 그림일기의 주제를 이미 정해놓았다. 그러나 숙제의 완성도를 높이고 싶은 부모는 자신도 모르게 "이렇게 하는 것이 어떨까?"하고 제안한다. 이는 아이가 은연중에 부모의 생각에 따랐으면 하는 기대가 깔린 말이다. 만일 아이가 부모의 말을 따르지 않으면 부모의 기분은 나빠지고, 아이 역시 숙제에 대한 흥미가 떨어질 것이다.

②의 경우 예를 들어 무언가 골똘히 생각에 빠진 아이에게 갑자기 "무슨 생각을 그렇게 하고 있니?"와 같은 불필요한 질문을 하면 아이의 행동은 중단되고 집중도 끊겨버린다. 또 "벌써 방에 들어가려고?"처럼 책망하는 투로 질문하면 아이의 의사에 반대하는 뉘앙스로 들리므로 주의해야 한다.

③과 같은 "~은 그만해" "~하는 건 안 돼" "~는 하지 마" 등 부정적인 말이나 금지하는 말은 때때로 불쾌한 상호작용을

불러일으킨다. "걸핏하면 우는 짓 그만해" "변명해도 안 돼" "어지르지 마" 등등, 어른들은 짜증을 담아 이런 말을 하기 쉽다. 하지만 부정적인 말로는 절대 문제가 개선되지 않을 뿐 아니라 되레 아이에게서 부정적인 행동을 부추기는 결과를 낳는다.

아이의 발달 환경을 개선하는 일도 중요하지만, 힘들어하는 부모를 지원하는 일도 매우 중요하다. 훗날 아이가 성인이 되었을 때 자신의 아이에게 똑같은 멀트리트먼트를 해서 불완전하고 왜곡된 애착 관계를 쌓지 않기 위해서라도, 의사를 비롯한 전문가나 사회복지기관이 더욱더 긴밀히 협력해서 부모의 마음 문제에 힘쓰는 시스템을 마련해나가야 한다. 부모에 대한 구체적인 지원과 케어 방법은 다음 장에서 상세히 알아볼 것이다.

케이스 스터디 ❶

엄마의 죽음과 아빠의 무관심에서
비롯된 애착 장애

애정에 굶주린 아이

H는 만 6살 때 엄마가 죽은 후 아빠와 단둘이 살고 있다. 아빠는 예전부터 야근이 잦아 밤에는 외갓집에서 지낸다. 그러나 외할아버지와 외할머니도 건강이 좋지 않아 H를 도맡아 키우기는 힘든 상황이었다.

발달상으로 H에게 이렇다 할 문제는 없었다. 어린이집에서도 좋아하는 놀이에는 집중하는 모습을 보였다. 그러나 흥미 없는 일은 못 견뎠으며, 화가 나면 감정을 제어하지 못하고 다른 아이를 때리는 등 말썽을 일으켰다. 집에서는 늘 아빠의 눈치를 살피고 자신을 억누르는 모습을 보여, 어린이집에서의 행동은 그 반동인 것으로 추측되었다.

또 넘어져도 좀처럼 울지 않고, 종종 화장실이 아닌 곳에서 실수를 하는 일도 있었다. 고집이 아주 세서 제 뜻대로 되지 않으면 자신의 머리나 손을 때리는 등 자해까지 해서 어린이집의 권유로 진료 센터를 찾았다. H의 아빠는 일과 육아를 병행해 버거워 보였다. 게다가 이야기를 들어보니 H와 같이 있으면 짜증이 나 거친 말과 함께 자신도 모르게 손이 올라간다고 했다. 실은 그 역시 어렸을 때 할머니에게서 신체적인 멀트리트먼트를 받았다.

복잡한 가정환경

H는 진료 센터에서도 산만하고 불안해하는 모습이 눈에 띄었다. 신나게 놀 때는 의료진들과 제대로 눈을 맞췄지만, 화가 났을 때나 사람들과 이야기하다가 쑥스러워지면 시선을 피했다. 흥미 없는 일에 관해서는 대화가 이어지지 않았고, 혼자서 불쑥 나가버리는 등 아빠가 곁에 없어도 신경 쓰지 않았다. 아빠는 H의 증상에 관심이 적은 듯, 처음에는 약물 치료나 심리치료에 대해서도 소극적인 태도를 보였다.

그러는 동안 H는 초등학교에 입학했고, 특수반이 아닌 일반반에 들어갔다. 2학년 무렵부터 약물 치료를 시작했는데, 여전히 말썽은 일으켰지만 증상은 나아지기 시작했다. 놀이치료도 병행해나갔다. 그 결과 말이 많고 큰소리를 내는 증상이 남아 있기는 하지만, 수업에 의욕적으로 참여하는 등 학교에서는 꽤 안정된 모습으로 생활하고 있다.

가정환경 면에서는 아빠가 재혼하고 남동생이 태어나는 등 변회기 있었는데, 새엄마가 "도저히 H한테 정이 안 간다"라고 하는 상황이었다. 만약 또 집에서 멀트리트먼트가 시작되기라도 하면 H가 또다시 상처를 입게 될 것이 불 보듯 뻔했다. 그래서 H의 아빠에게 체벌이 발달에 끼치는 악영향에 대해서 설명하고, 호전되고 있는 H를 위해서라도 두 번 다시 아이를 때리지 않겠다는 다짐을 받아두었다.

애착을 재형성하기 위한 치료

H의 경우 '나는 가치 있는 존재'라고 실감할 수 있는 지원이 필요했다. 다행히 조기 개입이 이루어진 데다 주변 사람들도 도와주고 치료 효과도 있어서, 얼어붙은 땅을 녹이듯 조금씩 회복되기 시작했다. H가 아이답게 웃는 모습을 보일 때면 소아청소년과 의사로서 절로 보람을 느꼈다. H의 사례뿐 아니라 애착을 재형성하는 데에는 엄청난 에너지와 시간이 필요하다. 특히 트라우마를 겪거나 애착 장애를 일으키는 시기가 이를수록 발달 과정에서 바로 문제가 드러난다.

그러나 생활환경을 개선하고 애착 재형성에 초점을 맞춘 심리치료를 꾸준히 해나간다면 아이는 서서히 회복해 건강하고 밝은 모습을 되찾을 수 있을 것이다. 물론 아이의 성장에는 개인차가 있어서 발달 특성이나 애착 장애의 상황, 트라우마의 정도, 레질리언스 등 다양한 요소가 복잡하게 얽혀 있다. 하지만 H의 경우처럼 관련 기관의 전문가들과 협력해서 조기에 지원이 이루어지면 회복 가능성은 크게 열린다.

케이스 스터디 ❷

양육의 어려움에서 오는
애착 장애

마음의 상처가 밖으로 향할 때

I는 엄마와 형 둘, 이렇게 넷이서 살고 있다. 부모는 I가 만 5살 때 이혼해, 아빠가 집을 나갔다. 아빠는 이혼하기 전에도 아이들을 거의 돌보지 않았다고 한다. 엄마는 일하느라 바빴고 건강에도 문제가 있었다. 중학교 2학년인 큰형은 소매치기 등 수시로 비행을 저질렀고, 난폭한 행동으로 집안 살림을 부수기도 했다. 그리고 I가 만 9살이 됐을 무렵 아빠에게서 연락이 와, 그때부터 몇 번 만난 적이 있다고 한다.

I는 학교에서 노력이 필요한 과제에 집중하지 못하고 툭하면 교실을 뛰쳐나가곤 했다. 커터 칼로 같은 반 친구를 위협하거나 괴성을 지르는 등 문제 행동도 눈에 띄었고, 형의 말투를 흉내 내는 것인지 폭력적인 말도 자주 입에 담았다. 친구나 선생님의 관심을 끌고 싶어서 일부러 나쁜 짓을 하는 측면도 있는 듯했다. 제 뜻대로 되지 않으면 떼

를 쓰거나 갑자기 화를 내고 초조한 모습을 보였다. 학교에서 아동상담소에 연락하자 애착 장애가 의심된다는 소견이 나와 진료 센터를 방문했다.

엄마와 함께하는 치료

진찰실에서 I는 아주 얌전했고, 엄마와도 사이가 나쁘지 않았다. 집에서도 비교적 조용한 편이어서 학교에서 I가 어떻게 생활하는지 몰랐던 엄마는 진찰할 때도 이해가 가지 않는다는 태도였다. I가 학교에서 하고 다니는 말과 행동에 대해 들었을 때는 물론 아동상담소를 비롯한 여러 기관이 개입하는 상황에 대해서도 당혹감을 감추지 못했다.

일단은 약물 치료를 시작했지만, 좀처럼 이렇다 할 효과가 나타나지 않았다. 그러나 MRI 검사 때 약 복용을 잠시 중단했더니 치료 전과 후의 차이가 명백해서, 효과는 확실히 있다고 판단을 내렸다. 약을 먹지 않을 때는 형제간의 싸움이 잦아지고 증상의 기복이 심해진다는 사실도 알 수 있었다.

심리상담도 병행했다. 처음에 I는 자기 긍정감이 매우 낮아 "엄마가 화내는 건 내가 나쁜 아이기 때문"이라는 말을 자주 했다. 자신의 행동에 자신감을 얻을 수 없는 상황인 데다 경계심도 강해서 항상 겁에 질린 태도를 보였다. 그러나 상담사와 시간을 들여 이야기를 나누면서 조금씩 마음이 안정되는 모습을 보였고 자신감도 되찾기 시작했다.

엄마는 부모 훈련을 받도록 했는데, 덕분에 I가 착한 일을 했을 때 적극적으로 칭찬해주게 되었다. 놀라운 변화였다. 또 진료 때마다 반드시 학교 담당 사회복지사도 동행하도록 해, 학교에서 I가 열심히 하는 모습을 보였을 때 칭찬을 해달라고 부탁했다.

I가 학교나 집에서 어떻게 생활하는지 관계자들에게 공유하도록 한 일은 치료에 큰 도움이 되었다. 엄마도 의사와 학교가 협력해서 아들을 지켜봐주고 있다는 사실에 안도하는 모습이었다.

최근 I는 교실을 뛰쳐나오거나 괴성을 지르는 일이 거의 사라지고, 밝고 의욕적으로 바뀌었다고 한다. 학습 면에서는 초등학교 1~2학년 때 공부를 소홀히 했던 탓에 기초가 제대로 되어 있지 않아서 고생하고 있기는 하지만, 스스로 "수업에 뒤처지면 안 되니까 학교를 빠지고 싶지 않다"라고 말할 정도로 긍정적인 변화를 보였다. 집에서는 형제끼리 싸우는 일도 줄고, 집안일도 거들기 시작했다고 한다.

칭찬 양육의 힘

처음 진료를 받으러 왔을 때 I는 자기 긍정감이 매우 낮았지만, 엄마를 비롯해 주변 사람들이 칭찬해주기 시작하자 놀라운 회복력을 보였다. 이는 의사로서 아주 큰 보람을 느낄 수 있었던 사례이기도 하다.

일본 생리학 연구소의 사다토 노리히로定藤規弘 교수와 그의 연구진은 '뇌는 음식이나 돈과 마찬가지로 칭찬도 "보상"으로 인식한다'라는 사실을 발견했다. 다른 사람에게서 칭찬받을 때 반응하는 뇌 부위가 금전적인 보상을 받을 때 반응하는 줄무늬체의 일부임을 알게 된 것이다. 이 연구는 뇌과학적으로 아이를 칭찬하면서 키우는 일이 얼마나 중요한지 다시 한번 확인할 수 있는 연구다.

요즘 아이들에게서 자기 긍정감이 낮은 경우를 심심찮게 본다. 부모나 교사는 아이의 문제 행동을 그저 부정만 하지 말고 오히려 조금이라도 좋은 모습이 보이면 제대로 칭찬해주는 일이 중요하다는 사실을 기억해야 한다. 과자나 용돈, 게임기 같은 것만이 상은 아니다. 아이들의 뇌는 칭찬 또한 상으로서 확실히 인식한다.

케이스 스터디 ❸

아빠의 과도한 훈육으로 인한
애착 장애

> 학교에서 발견된 체벌의 흔적

J는 어린 시절부터 계속 심한 체벌을 받아왔다. 아빠가 '훈육'이라는 이름으로 폭력을 행사한 것이다. 벨트를 이용해 때리는 것은 기본이고 심지어 동생 K를 직접 때리라고 강요한 적도 있었다고 한다. 지금도 허리 주변이나 허벅지, 발목, 손목, 뺨 등에 여러 개의 멍 자국이 남아 있다.

초등학교에 입학하고 나서도 체벌은 계속되었다. 동생 K도 학교에서 오른쪽 팔꿈치 안쪽에 원인을 알 수 없는 멍 자국을 발견한 적이 있다. 또 엄마가 밥을 굶기는 것으로 의심되는 상황도 있었다.

J는 학교에서 친구가 자신을 놀리면 그 아이를 볼 때마다 때리고, 책가방 속의 물건을 망가뜨렸다. 말리는 친구를 때려눕힌 적도 있었다. 화가 폭발하면 자신이 부모에게 받은 체벌을 친구에게 똑같이 한 것이다. 결국 J는 학교의 권유로 부모와 함께 진료 센터를 찾아왔다.

부모의 변화가 불러온 증상의 개선

처음에 부모는 "다 아이를 위해 때렸을 뿐, 어디까지나 훈육의 일환이었다"라고 주장했다. 아버지 자신도 심한 체벌을 받으며 자랐고, 그것이 자립에 도움이 되었다고 생각하고 있었기 때문에 체벌이 아이의 교육을 위해 필요하다고 믿어 의심치 않았다.

우선 부모의 의식을 개선할 필요가 있었다. '과도한 체벌은 절대 올바른 훈육이 아니다'라는 점을 계속 설명하고 체벌 외의 방법, 예를 들어 칭찬 스티커 제도를 활용함으로써 아이의 의욕을 불러일으키도록 조언했다. J가 착한 일을 하면 스탬프나 스티커를 상으로 주고, 되도록 긍정적인 평가를 해나가는 것이다.

짜증의 원인으로 작용하는 스트레스에 대처하는 방법이나 체벌을 하지 않고도 부모의 의견을 효과적으로 전달하는 방법도 함께 가르쳐 주었다. 그리고 '무슨 일이 있어도 너희는 사랑스럽고 소중한 존재'라는 사실을 꼭 이야기해주고, 아이의 상태를 세심하게 관찰해서 의기소침해 있을 때는 "기분이 안 좋아 보이는구나. 무슨 일 있었니?" 하는 식으로 자연스럽게 말을 걸도록 부탁했다. 이렇게 부모의 말과 행동이 바뀌자 J에게도 변화가 일어났다.

J에게는 약물 치료와 모래놀이치료를 시작했다. 또 J의 마음속에 '부모님이 때리는 건 내가 나쁜 아이기 때문이다'라는 생각이 계속 남아 있었기 때문에, 그렇지 않다는 사실을 반복해서 이야기해 재인지하

도록 지도했다. 그러자 문제 행동이 서서히 줄기 시작했다.

부모와 관계를 회복하는 방법

J의 경우, 상태가 진정되고 과거를 돌아볼 여유가 생겼을 때 특히 주의해야 한다. 피해 기억이 되살아났을 때 또다시 불안정해질 가능성이 있기 때문이다. 이때도 적절한 케어가 필요하다.

이번 케이스에서는 체벌이 정당하다고 굳게 믿는 부모에 대한 심리 교육도 중요한 포인트였다. 체벌은 훈육이 아니라는 사실을 꾸준히 반복해서 설명하고, 부모와 자녀의 바람직한 관계에 대한 이해를 높이는 일은 애착을 재형성하는 데 큰 도움이 된다. 애정을 말로 표현하고, 사소한 일이라도 아이를 칭찬해준다. 이 두 가지 행위에 초점을 맞추어 부모와 아이가 관계를 회복할 수 있도록 조언해나간다. 아이가 자신에게 일어나는 사소한 변화를 알아차려주는 것만으로도 감사한 일이다. 이는 자기 긍정감을 유지할 수 있는 밑거름이 된다.

물론 때로는 아이를 혼내야 하는 상황도 있다. 감정에 치우쳐 아이를 때리는 일은 절대 해서는 안 되지만, 혹시라도 혼낼 때는 '최대 1분을 넘기지 않기', 이 점을 꼭 기억하자.

요약

- 애착은 부모와 아이 사이에 형성되는 특별한 정서적 유대로, 안정된 애착은 아이가 사회로 나아갈 수 있는 자신감의 근원이 된다.

- 애착이 형성되지 못하면 불안, 자기 부정, 낮은 성취감, 대인관계 문제로 이어져 성인이 된 뒤에도 삶 전반에 부정적 영향을 준다.

- 지금이라도 부모가 아이와 눈을 맞추고 온기를 나누며 교감을 쌓아간다면 아이의 뇌 발달은 다시 회복될 수 있다.

상처 입은 치유자가 되어야 할 부모

: 아이 마음을 보듬는 좋은 부모가 되기 위한 지혜

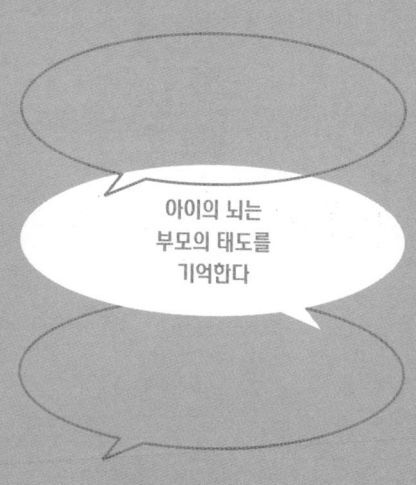

아이의 뇌는
부모의 태도를
기억한다

악순환의 고리를 끊기 위해서는

"학대는 대물림된다"라는 말을 들어본 적이 있는가. 1993년, 영국의 정신건강의학과 의사 잭 올리버^{J.E.Oliver}는 영국과 미국에서 편집된 60건이 넘는 방대한 연구 보고서를 바탕으로 멀트리트먼트의 영향이 세대를 넘어 어떻게, 얼마나 전해지는지에 대한 가정 내 요인에 관해 현재까지 밝혀진 내용을 검증하고, 세대 간에 대물림되는 아동학대 발생률을 예측했다.

그 결과, 어린 시절에 멀트리트먼트를 받은 피해자가 성장해서 부모가 되었을 때 자신의 아이에게 멀트리트먼트를 할 확률은 3분의 1이었다. 멀트리트먼트를 하지 않을 확률도 3분의 1이었으며, 어느 쪽도 가능성이 있는 확률 역시 3분의 1이라는 수

치가 나왔다.

　이 예측에서 알 수 있는 것은 애정을 받아야 할 부모에게서 멀트리트먼트의 고통을 겪은 사람 중 3분의 1이 나중에 커서 가해자로 돌아설 수 있다는 점이다. 그러나 멀트리트먼트를 하지 않을 확률에 어느 쪽도 가능성이 있는 확률을 더하면, 3분의 2에 해당하는 사람들이 악순환의 고리를 끊을 수도 있다는 희망적인 관측도 가능하다.

　악순환의 고리를 끊지 못하는 요인 중 하나로는 2장에서 자세히 설명한 멀트리트먼트로 인한 폐해가 있다. 현대사회에서 요구되는 바람직한 인간관계를 쌓을 때 필요한 뇌의 기능이 손상된 탓에 일상생활에 지장이 생기고, 그것이 스트레스가 되어 우울증이나 인격 장애 등 마음의 병으로 깊어진다는 것이다. 부모에게 이러한 장애나 질환이 있으면 아이에게 멀트리트먼트를 하게 된다는 점은 가볍게 지나칠 수 없는 사실이다.

　또 소중하게 보호받아야 할 아동기에 무시를 당하거나 폭언을 듣고 맞거나 비난받아온 사람은 이상적인 가정에 관해 알 방도가 없다. 인간은 모방하면서 살아가는 요령을 익히는 생물이기에, 애정을 받아보지 못한 사람은 애정을 주는 방법도 잘 모를 수밖에 없다. 가해자이기 이전에 피해자인 것이다. 이러한 측면에서도 멀트리트먼트로 고통받는 아이뿐 아니라 그 부모에 대한 케어와 지원의 중요성이 제기되고 있다.

부모가 먼저 행복을 누릴 수 있다면

우리 연구진도 아이의 뇌를 들여다보는 것만으로는 부족하다고 판단해, 부모의 뇌에 대한 연구에도 힘쓰기 시작했다. 그중 하나가 양육자의 리스크 관리다. '양육의 어려움을 예방하고 지원하기 위한 스트레스 상태 평가 시스템'이라는 이름으로 실용화하는 것을 목표로 연구에 매진하고 있다.

아이를 키우는 사람은 누구나 다소 스트레스가 쌓이기 마련이지만, 정도의 차이는 확연히 다르다. 이 연구에서 우리는 육아 스트레스가 양육자의 뇌에 영향을 얼마나 끼치는가에 관해 앞서 소개한 fMRI 검사를 이용했다. 그 결과, 엄마의 우울감이 높아지면 '공감 능력'과 관련 있는 이마앞겉질의 활동이 저하된다는 사실을 알아냈다(그림 5-1).

아이를 키우는 사람의 공감 능력이 떨어지면 어떤 일이 일어날까. 갓난아기를 봐도 귀엽다는 생각이 들지 않고, 내 아이가 지금 무엇이 필요해서 울고 있는지 추측하기 어려워진다. 아이를 키우려면 타인의 상황과 기분을 느끼는 감각이 중요한데, 육아 스트레스가 너무 큰 나머지 공감 능력이 저하되는 것으로 보인다.

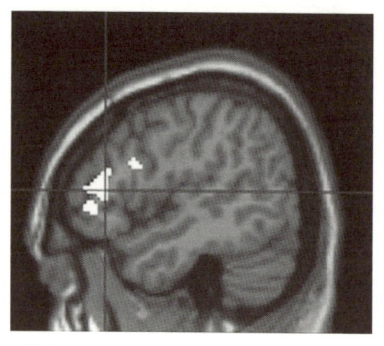
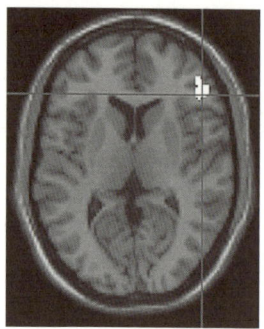

그림 5-1
엄마의 우울감이 높아지면 상대방의 기분을 읽어내는 과제를 수행하는 이마앞겉질 일부의 활동이 저하됨

우리는 아이를 키우는 스트레스가 심각해질 조짐이 보일 때, 조기에 적절한 조치를 하면 멀트리트먼트로 이어지는 행위를 줄일 수 있지 않을까 하는 가정하에 연구를 계속해나가고 있다. 멀트리트먼트를 미리 방지할 수 있다면 당연히 상처 입는 아이도 줄어들 것이다.

엄마랑 아빠도 부모 역할은 처음이라서

처음부터 부모의 자질을 갖추고 태어나는 사람은 없다. 오사카 의과대학 간호학부의 사사키 무쓰코佐々木隆子 교수의 연구진이 이에 관한 흥미로운 실험을 했다. 육아 경험이 없는 남녀를 모집해 영유아와 접촉하는 경험을 통해 '부모다움^{Parenthood}(부모가 될 준비가 되어 있고 육아에 적극적으로 나서는 자질)'이 강해질 수 있는지 앙케트 조사와 fMRI 검사를 한 것이다.

그 결과, 실제로 참여한 남성 그룹과 여성 그룹 둘 다 육아에 적극적으로 나서고 육아에 관여하는 뇌 영역이 변화한다는 사실이 fMRI 영상에서도 확인되었다. 즉, 아이를 사랑스럽게 여기고 소중하게 키우려고 하는 감정은 처음부터 가지고 태어나는 것이 아니라 아이와 실제로 접촉하면서 일깨워지고 키워진다는 사실이 입증된 셈이다.

아이를 사랑하고 보살피는 능력이 활성화된 뇌를 '양육 뇌'라고 하자. 현대사회에서는 보육교사처럼 항상 아이와 접하는 일에 종사하는 사람을 제외하면 육아 경험이 없는 성인 대다수는 아이와 접할 기회가 없기 때문에 양육 뇌가 활성화되지 않는다고 볼 수 있다. 그러나 부모다움은 언제든지 키울 수 있으므로, 아이가 태어나고 나서 마음껏 안아주고 스킨십을 하면 된다.

안는 행위로 따스한 온기에 둘러싸여 안심감을 얻는 것은 아기만이 아니다. 사람은 누구나 스킨십을 하면 뇌가 활성화될 뿐 아니라 옥시토신^{Oxytocin}이라는 호르몬이 분비되어 기분이 좋아진다. '사랑의 호르몬'이라고도 불리는 옥시토신은 뇌하수체 후엽에서 분비된다. 분만 시 자궁 수축을 촉진하고 출산 후에는 유선의 근섬유를 수축하여 유즙 분비를 돕는 등 여성의 출산·육아에 크게 관여하는 호르몬으로 알려져 있다. 유럽 등에서는 옥시토신 스프레이가 수유 촉진제로 승인된 나라도 있다. 일본에서는 아직 안전성이나 유효성에서 확증을 얻지 못해 실용화를 위한 임상 시험이 진행되고 있다.[1]

하지만 옥시토신의 효과는 출산·육아에만 있는 것이 아니다. 남녀 불문 누구나 이 호르몬의 혜택을 누릴 수 있다. 스킨십은 물론이고 친한 사람들과 즐겁게 이야기하거나 애정을 주고받으면 나와 상대방 모두 옥시토신이 증가한다는 사실이 보고된 바 있다. 또 옥시토신에는 편도체의 과도한 흥분을 억제하는 기능이 있어, 투쟁심이나 공포심을 억제하고 온화하고 애정이 넘치는 기분으로 만들어준다. 이러한 장점에서 자폐증이나 외상후 스트레스장애 등에도 유의미한 효과가 있을 것으로 기대를 모으고 있다.

육아가 힘들고 불안해졌을 때야말로 스킨십이 중요하다. 옥시토신의 분비가 불안이나 공포를 억제해주기 때문이다. 그러니 되도록 아이를 많이 안아주자.

앞에서 설명한 대로 옥시토신은 남성도 분비되기 때문에 아빠도 아이와 스킨십을 적극적으로 하면 양육 뇌를 키울 수 있다. 아빠나 엄마가 가만히 아이를 끌어안는 순간 아이는 부모가 자신을 지켜준다는 포근한 기분을 온몸으로 느끼면서 안심하고 부모 또한 옥시토신의 작용으로 마음이 안정되어 가는 구조다. 별 것 아닌 행동이지만 효과는 아주 크다. 이런 식으로 좋은 기분을 계속 유지하면 멀트리트먼트로 표출될 가능성이 큰 내면의 갈등을 잠재우기도 한층 수월해진다.

화내기 전에 조금만 참고 지켜봐준다면

일본에는 '아이를 건강하게 키우기 위해~사랑의 매 제로 작전~'이라는 운동이 있다. 사랑의 매라고 생각해서 한 행동이 언제부턴가 학대로 변질되어 가는 위험성을 알리고, 아이의 마음에 눈높이를 맞추어 육아를 하자는 운동이다. 이 운동은 2017년 5월, '체벌 제로' 육아 추진을 목적으로 일본 후생노동성이 제작한 홍보 책자에 이 책에서도 이야기한 '체벌이 뇌 발달에 끼치는 영향'에 관한 정보를 제공했다. 홍보 책자에는 다음과 같은 다섯 가지 행동 강령이 실려 있다.

① 아이를 키울 때 체벌이나 폭언을 쓰지 않는다.
② 아이가 부모에게 공포를 느끼면 도움을 요청하지 못한다는 점을 기억한다.
③ 화가 폭발하기 직전 심호흡을 한다.

④ 부모 자신이 외부의 도움을 받는다.
⑤ 아이의 마음과 행동을 나누어서 생각하고, 성장을 응원한다.

①의 중요성은 누차 이야기한 대로다. 어린 시절부터 훈육을 빙자한 멀트리트먼트를 받아온 아이는 가혹한 환경 속에서 살아남기 위해 부모의 말과 행동이 아무리 불합리해도 눈치를 살피며 그 생각이나 가치관을 긍정하고 받아들이려고 한다. 극단적인 경우 때리지 않을 때 감사하게 여기는 왜곡된 감정을 가지기도 한다.

이와 같은 심리적 반응을 '스톡홀름 증후군 Stockholm Syndrome'이라고 한다. 1973년 스웨덴 스톡홀름에서 은행 강도 사건이 발생했는데, 인질이 범인과 장시간 함께 지내는 동안 범인에게 공감하고 호감을 품은 현상에서 유래했다. 이는 그야말로 살아남기 위한 행동으로, 멀트리트먼트의 영향하에 있는 아이는 이 사건의 인질과 같은 처지라고 해도 과언이 아니다. ②에서 언급했듯 아이가 부모에게 공포심을 품지 않도록 조심할 필요가 있다.

③은 화가 났을 때 자기 나름대로 회피하는 방법을 찾아두라는 조언이다. 쉽게 찾기 어려울 수도 있지만, 기분이 전환될 만한 것을 몇 가지 시도해보고 자신에게 효과적인 방법을 알아두자.

④는 아이를 위해서뿐 아니라 부모 자신을 위해서도 꼭 실

천해주기 바란다. 혼자서 다 끌어안지 말고 보건소나 육아 상담소, 병원 등 기관의 전문가에게 도움을 요청하자.

⑤는 아이의 성장에는 '발달'이라는 시점이 필요하다는 것을 의미한다. 뇌는 단계를 뛰어넘어 어느 순간 갑자기 사회성을 갖출 수 없다. 제멋대로 구는 행동도 자신의 의견을 밀어붙이는 것도, 뇌가 한창 발달하는 중이라 미성숙하기 때문이다.

아이는 어른의 축소판이 아니다. 이 사실을 이해하지 못하면 자신도 모르게 말을 잘 듣게 만들려고 아이에게 필요 이상으로 강압적인 지시를 내리기 쉽다. 예를 들어 아이들이 유독 말을 안 듣는 '미운 4살'이라고 부르는 시기가 있는데, 이는 이마앞겉질이 아직 덜 발달한 상태라서 일어나는 현상이다.

한창 성장하고 있는 미성숙한 뇌는 욕구를 억제하기 어렵다. 즉, 어떤 의미에서는 이 시기의 행동을 단순히 '떼쓰기'로 판단해 야단 쳐봤자 헛수고나 다름없다. 이때 필요한 것은 '지켜보는' 자세다.

그럼 화를 현명하게 다스리려면 어떻게 해야 할까? '앵거 매니지먼트 Anger Management (분노 관리법)'가 효과적이다.

분노는 자연스러운 감정으로, 그 자체를 부정할 필요는 없다. 그러나 분노를 적절하게 처리하기 위해서는 분노의 종류를 알고, 원인을 찾아 그 기분을 상대방에게 현명하게 전달하는 등 짜증이나 욱하는 원인으로 작용하는 스트레스에 대처하는 요령을 배울 필요가 있다. 앵거 매니지먼트는 부모와 아이, 부부 관계뿐 아니라 직장 동료나 친구 사이에도 도움이 된다. 최근에는 이 주제에 관한 서적이나 강연회도 늘어나는 추세다.

또 아이에게 무언가를 전할 때 난폭한 말이나 폭력을 쓰지 않도록 의사소통 능력을 높이는 훈련을 하는 일도 우리 어른들이 할 수 있는 노력 중 하나다.

한 아이를 키우려면 온 마을이 필요하다

사람은 아이가 태어나면서 처음으로 '부모'가 된다. 앞에서도 말했지만, 보육교사나 유아 교육에 종사하는 사람을 제외하면 아이와 접할 기회가 거의 없다가 어느 날 갑자기 부모가 된다. 아이란 그야말로 미지의 생물이어서, 아이를 키울 때 당황스러운 일과 생각지 못한 고민이 생기는 것은 당연하다.

그런데 일본은 과연 아이를 키우는 사람들에게 친절한 사회일까. 저출생사회라는 말이 나온 지 오래지만, 현재 일본은 일본 전체 인구 중 적은 비율을 차지하는 아이들에게조차 성장 환경을 제대로 마련해주지 못하고 있다.

우선 부모 세대, 조부모 세대가 아이였을 때에 비해 엄마가 일하는 집이 늘었다. 또 한부모 가정 등 가족의 형태가 다양화되고 있는데도 육아에 관해서는 아이를 엄마가 곁에서 계속 돌봐야 한다는 구태의연한 이상이 뿌리 깊게 남아 있다. 이웃과의 사이에서도 옛날처럼 서로 마음을 터놓고 지낼 수 있는 분위기가 사라져, 부담 없이 육아 고민을 상담하거나 도움을 요청할 만한 선배를 찾기 쉽지 않다.

이처럼 아이를 적게 낳는다고 육아 자체가 편해지는 것은 아니다. '육아는 자기 책임'이라는 풍조가 점점 심해지는 현대사회에서는 육아에 대한 어려움, 즉 아이를 키우는 어려움이나 고독감·고립감을 느끼는 부모가 계속해서 늘어나고 있다. 부모에게만 육아 부담을 떠넘긴다면 그들의 일상 스트레스가 날이 갈수록 커져 아이에게 심한 말을 내뱉거나 무심코 손을 올리는 일이 생길지도 모른다. 바람직하지 않은 상황이다.

이러한 부모를 비난만 해서는 절대 아이들을 멀트리트먼트에서 지켜낼 수 없다. 나는 아이를 키우느라 고군분투하는 사람들을 돕고, 아이의 성장을 많은 관계자가 지켜봐주는 일이 경제적·사회적 손실을 절감하고 우리 모두가 살기 좋은 환경을 만들어나가는 지름길이라고 생각한다.

일본은 양육자에 대한 지원 체계가 다른 나라에 비해 크게 뒤떨어져 있지만, 다행히 열악한 현실을 어떻게든 개선해 가정에서 멀트리트먼트를 줄이고자 노력하고 있다. 국립 연구개발법인 과학기술 진흥기구·사회기술 연구개발 센터의 '양육자 지원으로 아동학대를 줄여나가는 시스템 마련'이라는 활동인데, 나와 우리 연구진도 참여하고 있다. 이는 멀트리트먼트를 하는 (혹은 할 가능성이 큰) 부모를 지도하거나 처벌하자는 것이 아니라 다각적인 관점에서 양육자를 지원해나가자는 시도다. 아동학·뇌과학과 같은 의료 분야뿐 아니라 사회학·심리학·교육학·법학 등 폭넓은 분야의 전문가들이 모여 학교와 시설 등에서 아이와 자주 접하는 사람이나 지역 사람들에게 협조를 얻어가며 현실적으로 어떤 일을 할 수 있을지 지혜를 모으고 있다.

모든 아이가 마음 다치지 않고 성장하기 위해

멀트리트먼트에서 벗어나기란 쉬운 일이 아니다. 그러나 서장에서 이야기했듯이, 아이들에게 '뇌가 변형될 정도의 상처'는 필요 없다. 아이들에게 필요한 것은 안심하고 성장할 수 있는 장소다. 그것을 제공해줄 수 있는 것은 우리 어른들뿐이다. 어른과 아이 사이에 작지만 사랑스러운 유대감이 하나둘 쌓이고 쌓여 하나의 사회가 성립되는 것이다. 결국 애착이 제대로 형성되지 못한 채 불행한 삶을 사는 아이들을 한 명이라도 더 구원하기 위해서는 사회 전체가 가정 문제에 관심을 가지고 현실적인 지원을 아끼지 말아야 한다.

의사로서, 과학자로서 그리고 한 사람의 부모로서 아이들에게 더욱 좋은 환경을 제공해주기 위해 지금 내가 할 수 있는 일이 무엇인지 골몰하고 있는 요즘이다. 내 도전은 아직 끝나지 않았다.

요약

- 아이의 회복을 위해서는 부모 역시 양육 스트레스를 관리하고 지원받을 수 있어야 한다. 부모를 돕는 일이 곧 아이를 돕는 일이다.

- 아동학대는 개인 가정의 문제가 아니라 사회 전체가 함께 해결해야 할 과제로, 공적 개입과 관심이 필요하다.

- 특히 영유아기부터 위험 가정에 대한 지원과 조기 개입이 이루어질 때 가장 효과적이며, 사회적 비용을 크게 줄일 수 있다.

옮긴이 주

1) 우리나라에서 직구 등의 형태로 옥시토신 스프레이가 판매되고 있으나 식품의약품안전처로부터 허가를 받은 옥시토신 품목은 분만 용도의 주사제 외에 스프레이 형태는 없다.

서툴렀을뿐, 아이를 사랑하지 않는 부모는 없다

2008년 5월, 리히터 규모 8에 달하는 대지진이 중국 쓰촨성을 덮쳤다. 이 지진으로 인한 사망자는 약 7만 명, 부상자는 37만 명 이상으로 일본에서도 그 참혹한 실상이 연일 매스컴을 통해 보도되었다.

나는 당시 신화 통신이 전한 뉴스를 지금도 잊지 못한다. 본진 다음 날, 수색대가 붕괴한 건물 속에서 두 팔을 땅에 짚은 채 무릎을 꿇고 웅크린 자세로 숨을 거둔 젊은 여성을 발견했다. 여성의 몸 밑에서는 생후 얼마 되지 않은 남아가 기적적으로 생존해 있었다.

그 엄마가 죽기 직전 휴대폰에 남겨놓은 메시지가 많은 사람의 심금을 울렸다.

아가, 혹시라도 네가 살아남는다면 내가 널 사랑했다는 사실을 기억해주렴.

무거운 건물 잔해 속에서 작은 아기를, 말 그대로 목숨을 걸고 지키면서 어떻게든 그 한 줄을 남겼던 것이다.

아기가 엄마와 보낸 시간은 아주 짧았다. 그러나 아기는 분명히 엄마에게서 사랑받고 있었다. 그 순간, 엄마와 아기는 깊고 끈끈한 애착으로 맺어져 있었다.

지금 그 아기는 어디서 어떻게 살아가고 있을까. 애착에 대해 생각할 때마다 그 모자의 이야기가 떠오른다.

마지막으로 여러분의 양해를 얻어 소중한 동료들과 후배들에게 감사의 말을 전하고자 한다.

내가 이 자리에 서기까지 지도해주신 미이케 데루히사 은사님과 마틴 테이처 선생님께 심심한 감사의 말씀을 드린다. 그리고 후지사와 다카시 선생님, 시마다 고지 선생님, 다키구치 신이치로 선생님, 미즈노 요시후미 선생님, 다카다 사에코 선생님, 야자와 아키 선생님, 사카키바라 노부코 선생님, 마키타 가이 선생님, 니시카와 사오리 선생님, 아동 마음 진료 센터와 내 연구실 직원들, 대학원생들. 여기에 이름을 적지는 않았지만 이외에도 많은 분이 내 연구를 도와주고 있다는 사실을 하루도 잊은 적이 없다. 앞으로도 나와 함께해주길 진심으로 바란다.

아동학대라는 무거운 주제에 흥미를 느끼고 꼭 이 내용을 많은 독자에게 전하고 싶다고 제의해주신 NHK 출판의 하지메 나오코 씨와 편집에 도움을 주신 이요나가 유미 씨에게도 감사드린다.

끝으로 아이를 키우는 기쁨과 즐거움을 가르쳐주고 미숙한 엄마인 나를 성장하게 해준 두 딸에게 고맙다는 말을 전하고 싶다. 너희가 부모가 되었을 때 이 책을 정독해주길 바라며!

도모다 아케미

용어 설명

내면 아이
사람은 누구나 마음속에 어린 시절의 '작은 아이'를 품고 산다. 이 내면 아이는 유년기에 경험한 기쁨, 두려움, 상처를 고스란히 간직하며 성인이 된 현재의 행동과 감정에 영향을 준다. 따뜻하게 보호받은 내면 아이는 성인이 된 후에도 자신을 긍정적으로 바라보고 타인과 안정적인 관계를 맺게 한다. 그러나 무시당하고 상처 입은 내면 아이는 불안, 자존감 저하, 관계 회피로 이어질 수 있다. 따라서 자신의 내면 아이를 인식하고 돌보는 것은 성인기의 정신 건강 회복에도 중요한 과정이다.

뇌량
좌·우 대뇌 반구를 이어주는 신경섬유 다발로, 두 뇌가 정보를 주고받을 수 있게 한다. 뇌량이 손상되거나 발달이 지연되면 언어, 감정 조절, 문제 해결 능력에 어려움이 발생한다. 학대나 언어폭력은 뇌량 발달에도 부정적인 영향을 미칠 수 있다.

대뇌피질
대뇌의 겉부분을 덮고 있는 구조로, 사고, 언어, 감각, 운동, 기억 등 인간의 고등 기능을 담당한다. 아동기의 경험은 대뇌피질의 성장과 직결되며, 특히 반복적인 체벌이나 방임은 피질의 두께와 신경망 발달에 부정적인 영향을 준다.

두정엽
신체 감각과 공간 인식을 담당하는 영역이다. 두정엽이 손상되면 분노, 불안, 무기력 같은 정서적 반응이 증폭된다. 멀트리트먼트를 겪은 아동은 두정엽의 신경회로가 변화해 감각 처리와 정서 조절에 어려움을 겪는다.

레질리언스
레질리언스는 시련과 고통을 경험한 후에도 다시 일어설 수 있는 힘, 즉 회복탄력성을 의미한다. 반복되는 스트레스, 큰 트라우마, 갑작스러운 상실에도 무너지지 않고 균형을 찾는 능력을 가리킨다. 이 힘은 선천적인 기질뿐 아니라 양육 환경과 사회적 지지에 의해서도 길러질 수 있다. 레질리언스가 높은 사람은 좌절 속에서도 배움의 기회를 발견하고, 실패를 성장의 발판으로 삼는다. 아이에게는 사랑과 관심, 안정된 애착이 회복탄력성을 키우는 가장 중요한 토대가 된다.

멀트리트먼트

멀트리트먼트는 아동을 향한 모든 형태의 해로운 양육 태도를 포괄하는 개념이다. 이는 신체적 폭행이나 성적 착취와 같은 명백한 학대뿐 아니라, 반복되는 언어폭력·무시·모욕, 정서적 방임까지 포함된다. 때로는 보호자가 의도하지 않았더라도 아이의 기본적 필요를 외면하거나 돌봄을 소홀히 하는 것도 멀트리트먼트에 해당한다. 이러한 경험은 뇌 발달에 직접적인 손상을 남기고, 성장 후에도 정신질환이나 대인관계 어려움으로 이어질 가능성을 높인다.

민감기

민감기는 뇌가 특정 자극에 특히 민감하게 반응하며 빠르게 발달하는 시기를 말한다. 이 시기의 경험은 단순히 일시적인 기억으로 끝나는 것이 아니라, 뇌 구조 자체를 형성하고 평생의 기능에 영향을 미친다. 언어, 감정, 사회성, 기억 등 발달 영역마다 민감기는 서로 다르며, 이 시기에 긍정적인 자극을 주면 발달이 촉진된다. 그러나 부정적인 경험이나 지속적인 스트레스는 발달의 균형을 무너뜨려 장기적인 결핍을 남길 수 있다.

뮌하우젠 증후군

실제 질환이 없음에도 고통을 호소하거나 병을 꾸며내어 타인의 관심을 끌려는 심리적 문제를 뜻한다. 특히 아동에게 인위적으로 상해를 가하고 병이 있는 것처럼 꾸며내는 '대리 뮌하우젠 증후군'은 대표적인 아동학대 유형으로 꼽힌다. 이는 단순한 거짓말이 아니라, 관심과 동정을 얻고자 하는 왜곡된 심리적 욕구가 원인이 된다. 피해 아동은 불필요한 의료적 개입을 겪으며 신체적·정신적 상처를 입게 된다.

반응성 애착 장애

영유아기에 지속적인 돌봄과 애정이 결여되면 안정된 애착이 형성되지 못한다. 그 결과 아이는 정서적으로 불안정하고, 타인과 관계 맺기를 두려워하거나 극단적으로 집착하는 모습을 보인다. 이는 방임과 학대가 남긴 깊은 상처로, 성인이 된 뒤에도 대인관계 문제와 자기 부정으로 이어지기 쉽다. 반응성 애착장애는 단순한 성격 문제가 아니라 발달 과정에서 경험한 결핍이 남긴 흔적이며, 조기 개입과 안정적인 환경 제공이 회복의 열쇠가 된다.

발달 장애

발달 장애는 아동의 성장 과정에서 언어, 운동, 사회성, 학습 능력 등 특정 기능이 또래보다 현저히 늦게 발달하거나 결핍되는 상태를 말한다. 단순한 발달 지연과는 달리 장기적이고 지속적인 어려움을 일으키며, 사회적 적응에도 큰 영향을 미친다. 조기 발견과 전문적 지원이 늦어지면 문제가 더 심화되므로, 발달장애는 가능한 이른 시기에 발견해 치료적 개입을 하는 것이 중요하다.

스톡홀름 증후군

피해자가 가해자에게 위협을 당하는 상황에서 오히려 가해자에게 애착이나 동조를 보이는 현상이다. 이는 극심한 두려움 속에서 자신을 지키려는 심리적 기제로 설명된다. 가정 내 반복되는 폭력 상황에서도 유사한 반응이 나타나며, 피해 아동은 가해 부모를 미워하지 못하고 오히려 보호받으려는 태도를 보이기도 한다. 이는 아동이 처한 환경이 얼마나 심리적으로 왜곡된 영향을 줄 수 있는지를 보여준다.

심리적 방임

의식주가 충족되더라도 정서적 교류와 관심이 결여되면 아이는 깊은 상처를 입는다. 부모가 아이의 말에 귀 기울이지 않고, 눈을 맞추지 않으며, 공감을 주지 않는 것도 심리적 방임이다. 이는 보이지 않는 학대지만, 자존감 저하와 정서적 위축을 불러오며 뇌 발달에도 부정적인 영향을 남긴다.

애착

부모와 아이 사이에 형성되는 정서적 유대다. 안정적인 애착은 자존감과 사회성의 기초가 되며, 아이가 세상에 나아갈 수 있는 자신감을 제공한다. 반대로 애착이 불안정하면 평생에 걸쳐 대인관계 어려움과 정서 불안을 겪을 가능성이 높아진다.

전두엽

전두엽은 계획, 판단, 자기통제, 학습, 사회적 행동을 관장한다. 아동기 학대는 전두엽의 발달을 방해해 충동적 행동과 공격성을 높이고 학습 능력을 떨어뜨린다. 전두엽은 또한 공감 능력과 윤리적 판단에도 중요한 역할을 한다.

주의력결핍 과잉행동장애

주의집중이 어렵고 충동적이며 과도한 활동을 보이는 증상이 특징이다. 단순히 산만한 성격으로 오해되기 쉽지만, 이는 뇌 발달과 관련된 문제로 학습 능력과 또래 관계에 큰 영향을 미친다. 조기 개입을 통해 환경을 조정하고 행동을 훈련한다면 충분히 개선될 수 있다. 치료받지 못하면 청소년기·성인기까지 이어져 사회적 어려움을 초래할 수 있다.

측두엽

청각과 언어 이해, 기억 저장을 담당한다. 언어폭력, 무시, 방임 같은 경험은 측두엽의 발달을 저해해 언어 능력과 기억력에 손상을 남길 수 있다. 심한 경우 기억장애나 학습장애로 이어질 수 있다.

트라우마

트라우마는 극심한 사건이나 위기에서 비롯된 심리적 상처를 말한다. 전쟁, 재난, 폭력, 학대 같은 경험은 시간이 지나도 불안, 회피, 공포 반응으로 반복된다. 트라우마는 단순한 기억이 아니라 뇌와 몸에 깊이 각인되어, 예상치 못한 순간에도 증상이 되살아날 수 있다. 심한 경우 단일 사건 트라우마를 넘어 여러 경험이 축적된 복합 트라우마로 발전하기도 한다.

편도체
감정을 조절하고 위협을 감지하는 작은 구조다. 아동기 학대를 받은 경우 편도체가 과도하게 활성화되어 불안과 분노를 쉽게 폭발시키는 양상을 보일 수 있다. 반대로 지나치게 위축되면 위험 상황에서도 적절히 대응하지 못하게 된다.

플래시백
플래시백은 과거의 충격적 경험이 의도치 않게 되살아나 현재 일처럼 느껴지는 현상이다. 이는 단순한 기억이 아니라 생생한 감각과 감정을 동반하여 일상생활을 크게 방해한다. 피해자는 불안, 공포, 무력감에 시달리며, 예기치 못한 자극으로도 쉽게 반응할 수 있다. 플래시백은 트라우마가 뇌와 신경계에 깊이 각인되었음을 보여주는 대표적 증상이다.

해리 장애
해리 장애는 극심한 스트레스를 겪을 때 기억, 정체감, 의식 기능의 일부가 단절되는 현상이다. 자신의 경험을 전혀 기억하지 못하거나 현실감이 사라지는 등 다양한 형태로 나타난다. 이는 외부 충격에 대응하기 위한 심리적 방어기제의 성격을 띠기도 하지만, 반복되면 삶 전반의 기능을 저하시킨다. 대표적으로 해리성 기억상실, 해리성 정체장애 등이 있으며, 조기 치료와 안정적 환경이 회복에 중요하다.

해마
기억을 저장하고 학습을 돕는 중요한 뇌 구조다. 스트레스 호르몬은 해마에 직접적인 손상을 남기며, 반복된 학대 경험은 해마의 크기를 줄이고 기억력과 학습 능력을 떨어뜨린다.

후두엽
시각 정보를 처리하는 뇌 영역으로, 폭력 장면이나 시각적 충격을 경험한 아동에게서 기능이 약화될 수 있다. 후두엽이 제대로 발달하지 못하면 시각적 기억이 왜곡되거나 시각 인지 능력이 떨어진다.

참고 문헌

Ainsworth M. D.· Bell S. M. "Attachment, exploration, and separation: illustrated by the behavior of one-year-olds in a strange situation", *Child Development*, vol. 41, 1970, pp. 49-67.

American Psychiatric Association, "Diagnostic and Statistical Manual of Mental Disorders, 5th Edition", American Psychiatric Press, 2013.

Andersen S. L. et al. "Preliminary evidence for sensitive periods in the effect of childhood sexual abuse on regional brain development", *The Journal of Neuropsychiatry and Clinical Neurosciences*, vol. 20, 2008, pp. 292-301.

Borland B. L. · Heckman H. K. "Hyperactive boys and their brothers A 25-year follow-up study", *Arch Gen Psychiatry*, vol. 33, 1976, pp. 669-675.

Bowlby J. "A Secure Base: Parent-Child Attachment and Healthy Human development", Basic Books, 1988, pp. 1-224.

Bremner J. D. et al. "Structural and functional plasticity of the human brain in post traumatic stress disorder", *Progress in Brain Research*, vol. 167, 2008, pp. 171-186.

Bynner J. M. · O'Malley P.M. · Bachman J. G. "Self-esteem and delinquency revisited", *J Youth Adolesc*, vol. 10, 1981, pp. 407-441.

Choi J. et al. "Reduced fractional anisotropy in the visual limbic pathway of young adults witnessing domestic violence in childhood", *NeuroImage*, vol. 59, 2012, pp. 1071-1079.

Choi J. et al. "Preliminary evidence for white matter tract abnormalities in young adults exposed to parental verbal abuse", *Biological Psychiatry*, vol. 65, 2009, pp. 227-234.

de Lange F. P. et al. "Increase in prefrontal cortical volume following cognitive behavioural therapy in patients with chronic fatigue syndrome", *Brain*, vol. 131, 2008, pp. 2172-2180.

Deblinger E. et al. "Trauma-focused cognitive behavioral therapy for children: impact of the trauma narrative and treatment length", *Depression and Anxiety*, vol. 28, 2011, pp. 67-75.

Francis D. D. et al. "Maternal care, gene expression, and the development of Individual Differences in Stress Reactivity", *Annals of the New York Academy of Sciences*, vol. 896, 1999, pp. 66-84.

Garey L. J. "Structural development of the visual system of man", *Human Neurobiology*, vol. 3, 1984, pp. 75-80.

Giedd L. N. et al. "Brain development during childhood and adolescence: a longitudinal MRI study", *Nature Neuroscience*, vol. 2, 1999, pp. 861-863.

Gurwitch R. H. et al. "Child-Adult Relationship Enhancement(CARE): An evidence-informed program for children with a history of trauma and other behavioral challenges", *Child Abuse & Neglect*, vol. 53, 2016, pp. 138-145.

Harlow H, F. "Love in infant monkeys", *Scientific American*, vol. 200, 1959, pp. 68-74.

Izuma K.·Saito D. N.·Sadato N. "Processing of social and monetary rewards in the human stratum", *Neuron*, vol. 58, 2008, pp. 284-294.

Kempe C. H. et al. "The battered-child syndrome", *JAMA*, vol. 181, 1962, pp. 17-24.

Kita S. et al. "Associations between intimate partner violence (IPV) during pregnancy, mother-to-infant bonding failure, and postnatal depressive symptoms", *Archives of Women's Mental Health*, vol. 19, 2016, pp. 623-634.

Main M. "Introduction to the special on attachment and psychopathology: 2. Overview of the field of attachment", *Journal of Consulting & Clinical Psychology*, vol. 64, 1996, pp. 237-243.

Meaney M. J. et al. "Neonatal handling alters adrenocortical negative feedback sensitivity and hippocampal type II glucocorticoid receptor binding in the rat", *Neuroendocrinology*, vol. 50, 1989, pp. 597-604.

Mizuno K. et al. "Impaired neural reward processing in children and adolescents with reactive attachment disorder: A pilot study", *Asian Journal of Psychiatry*, vol. 17, 2015, pp. 89-93.

Mizuno K. et al. "Osmotic release oral system-methylphenidate improves neural activity during low reward processing in children and adolescents with attention-deficit/hyperactivity disorder", *NeuroImage Clinical*, vol. 2, 2013, pp. 366-376.

Oliver J. E. "Intergenerational transmission of child abuse: rates, research, and clinical implications", *American Journal of Psychiatry*, vol. 150, 1993, pp. 1315-1324.

Shapiro F. "Eye movement desensitization a new treatment for post-traumatic stress disorder", *Journal of Behavior Therapy and Experimental Psychiatry*, vol.20, 1989, pp. 211-217.

Shapiro F. "The role of eye movement desensitization and reprocessing (EMDR) therapy in medicine: addressing the psychological and physical symptoms stemming from adverse life experiences", *The Permanents Journal*, vol. 18, 2014, pp. 71-77.

Sheu Y. S. et al. "Harsh corporal punishment is associated with increased T2 relaxation time in dopamine-rich regions", *NeuroImage*, vol. 53, 2010, pp. 412-419.

Shimada K. et al. "Reduced visual cortex grey matter volume in children and adolescents with reactive attachment disorder", *NeuroImage Clinical*, vol. 9, 2015, pp. 13-19.

Super H. "Working memory in the primary visual cortex", *ARCHIVES OF NEUROLOGY*, vol. 60-6, 2003, pp. 809-812.

Takiguchi S. et al. "Ventral stratum dysfunction in children and adolescents with reactive attachment disorder: functional MRI study", *British Journal of Psychiatry Open*, vol. 1, 2015, pp. 121-128.

Teicher M. H. et al. "Childhood Maltreatment: Altered Network Centrality of cingulate, precuneus, temporal pole and insula", *Biological Psychiatry*, 2014.

Teicher M. H.·Samson J. A. "Childhood Maltreatment and psychopathology: A case for ecophenotypic variants as clinically and neurobiologically distinct subtypes", *The American Journal of Psychiatry*, vol. 170, 2013, pp. 1114-1133.

Teicher M. H. et al. "Hurtful words: association of exposure to peer verbal abuse with elevated psychiatric symptom scores and corpus callosum abnormalities", *The American Journal of Psychiatry*, vol. 167, 2010, pp. 1464-1471.

Teicher M. H.·Tomoda A.·Amdersen S. L. "Neurobiological consequences of early stress and childhood maltreatment: are results from human and animal studies comparable?", *Annals of the New York Academy of Sciences*, vol. 1071, 2006, pp. 313-323.

Thomaes K. et al. "Can pharmacological and psychological treatment change brain structure and function in PTSD? A systematic review", *Journal of Psychiatric Research*, vol. 50, 2014, pp. 1-15.

Tomoda A. et al. "Pseudohypacusis in childhood and adolescence is associated with increased gray matter volume in the medial frontal gyrus and superior temporal gyrus", *Cortex*, vol. 48, 2012, pp. 492-503.

Tomoda A. et al. "Childhood sexual abuse is associated with reduced gray matter volume in visual Cortex of Young Women", *Biological Psychiatry*, vol. 66, 2009, pp. 642-648.

Tomoda A. et al. "Reduced visual cortex gray matter volume and thickness in young adults who witnessed domestic violence during childhood", *PLOS ONE*, vol. 7, 2012, e52528.

Tomoda A. et al. "Exposure to parental verbal is associated with increased gray mtter volume in superior temporal gyrus", *NeuroImage*, vol. 54, 2011, S280-286.

Tomoda A. et al. "Reduced prefrontal cortical gray matter volume in young adults exposed to harsh corporal punishment", *NeuroImage*, vol. 47, 2009, T66-71.

van der Kolk B. A. "The neurobiology of childhood trauma and abuse", *Child and Adolescent Psychiatric Clinics of North America*, vol. 12, 2003, pp. 293-317.

Wada I. · Igarachi A. "The social costs of child abuse in Japan", *Children and Youth Services Review*, vol. 46, 2014, pp. 72-77.

佐々木陸子・小坂浩隆・中井昭夫 외「青年期男女における親性発達と神経基盤の関係」, 日本赤ちゃん学会事務局（編）『ベビーサイエンス』第10巻, 2010, pp. 46-65.

西澤哲, 『子ども虐待』, 講談社現代新書, 2010.

友田明美・五十嵐隆, 「脳の発達と発達心理」, 『小児科学』, 文光堂, 2012, pp. 31-42.

友田明美, 『新版いやされない傷―児童虐待と傷ついていく脳』, 診断と治療社, 2012.

아이의 뇌는
부모의 태도를
기억한다